MARIA GIUSI RICOTTI   MICAELA BALÌCE   NELLY MORINI

TAROCCHI
DEL
CALDERONE MAGICO

È disponibile il mazzo di 78 arcani
dei Tarocchi del Calderone Magico;
per informazioni o richieste

www.ilcalderonemagico.it
mariagiusi@ilcalderonemagico.it

Contattando le autrici
è possibile avere informazioni
su seminari, laboratori
e incontri di approfondimento
sull'uso di questo strumento.

Titolo:
Tarocchi del Calderone Magico

Illustrazioni:
©Maria Giusi Ricotti
mariagiusi@ilcalderonemagico.it

Poesie:
©Micaela Balìce
feminaversi@gmail.com

Testi sui Tarocchi:
©Nelly Morini
nellymorini@gmail.com

Grafica e impaginazione:
©Maria Giusi Ricotti

Diritti della pubblicazione:
©2015 Il Calderone Magico - Cagliari
È vietata la riproduzione dell'opera,
sia integrale che parziale.

ISBN 978-88-93063-37-1

INTRODUZIONE

I Tarocchi del Calderone Magico
nascono dalla visione comune di tre donne.
Il loro linguaggio è triplice:
parlano con le immagini, la poesia e il simbolismo.
Sono il frutto di un attento lavoro di immaginazione
e osservazione e presentano una visione degli Arcani
legata soprattutto alla dimensione del Sacro.
Spogliati di ogni rigidità iconografica,
gli arcani del Calderone Magico ci conducono a riflettere,
attraverso un mondo di colori e suggestioni,
sui temi più profondi della Vita
e del percorso evolutivo che la permea.

Nel mistero dei Tarocchi si cela una grande opportunità:
vedere noi stessi come riflessi in uno specchio.
Scoprendoli, riveliamo l'Arcano e troviamo
risposte, indicazioni, sfide.
Ciascuno di loro è al tempo stesso
"archetipo - simbolo - messaggio".
Considerandolo come un unico organismo, vivo e parlante,
il mazzo del Calderone Magico ci presenta i suoi Arcani.
Riconoscere negli Arcani Maggiori
i nostri *personaggi interiori* ci dà l'opportunità
di entrare in contatto con gli aspetti di luce
e i lati d'ombra delle nostre molteplici personalità.
A noi *viaggiatori* piace ascoltarli come *guide* e,
insieme a loro, essere accompagnati dagli Arcani Minori,
potenti aiutanti e validi collaboratori,
essenziali per crescere e poter raggiungere i nostri obiettivi.

Li presentiamo con semplicità,
ma con fiducia che possano essere uno strumento utile,
lungo il cammino di chi li incontra
e vuol farseli amici e compagni di viaggio.

Maria Giusi Ricotti
Micaela Balìce
Nelly Morini

PREFAZIONE

Questo libro rientra nel novero delle diverse
migliaia di tarocchi che ogni anno vengono creati,
disegnati, inventati, riscoperti, rivisitati, ristampati
e, a vario titolo, pubblicati. Non ambisce a brillare
come stella di prima grandezza in quest'universo
rutilante di immagini ed è possibile che non diventi
mai una pietra miliare nella storia dei tarocchi; ma
è certo che costituisce una testimonianza palpitante
e significativa dell'intatta vitalità che queste carte
conservano nel tempo.

I tarocchi nascono all'incirca sei secoli fa,
arricchendo il comune mazzo di carte con ventidue
figure extra-numerarie di sfuggente significato
allegorico e immediatamente trasformano in
autentico fenomeno culturale ciò che era un
ordinario gioco da taverne o, al più, il raffinato
passatempo di principi.
Da allora hanno dimostrato una singolare proprietà:
non si sono precisamente cristallizzati, rimanendo
immutabilmente eguali a se stessi, né si sono
radicalmente trasformati, divenendo altro
da ciò che sempre furono e ancora sono.
Si sono invece incessantemente reinventati,
riformulati e riproposti grazie al contributo assiduo
e copioso di menti creative, sollecitate dalla forza
simbolica delle loro figure.

I significati originariamente attribuiti ai loro simboli
si sono rapidamente persi, ma altri ne sono stati
additati, altri si sono sovrapposti. Studiosi di diverse
dottrine si sono peritati di individuare significati
storici e divinatori, accademici ed esoterici, filosofici
e spirituali, letterari e psicologici, ciascuno
assicurando che il significato argomentato era
inconfutabilmente vero, spesso che era il solo vero.
Grazie alle loro convinte argomentazioni oggi
possediamo molte verità inconfutabili
(e inconfutabilmente incompatibili) sul significato
degli arcani.

Parallelamente, artisti diversi per ispirazione
e per capacità, appartenenti a correnti lontanissime
nel tempo e nell'orientamento moltiplicarono quasi
all'infinito le rappresentazioni dei motivi
iconografici, movendosi in equilibristica sospensione
tra fedeltà e falsificazione, tra imitazione
e invenzione.
Talvolta, la creatività artistica introdusse innovazioni
sostanziali attraverso il gioco sottile di dettagli
apparentemente irrilevanti, di cromatismi appena
percepiti; altre volte, spudorate violazioni del
modello iconografico assicurarono la sopravvivenza
del simbolo, sottraendolo alla morte per
consuetudine.
Grazie alla creatività discreta o dirompente degli
uomini d'arte oggi possediamo molte versioni degli
arcani, inconfondibilmente diverse l'una dall'altra,
irriducibilmente simili l'una all'altra. Proprio
come gli individui.
Tutto ciò avvenne e avviene da seicento anni,
ogni anno, centinaia, migliaia di volte all'anno.

Questo libro appartiene a un processo sotterraneo
e ininterrotto che sormonta uomini e generazioni,
che attraversa scuole e culture, tendenze e correnti.
Questo nuovo set di arcani è il frammento minuscolo
ma indispensabile di un fenomeno grande, del quale
fa parte e nel quale si scioglie. Un fenomeno
concepito certo nell'inconscio più che nella coscienza,
che fa di un mazzo di carte una produzione culturale,
intellettuale, speculativa, estetica; che trasforma
un gioco in un'avventura spirituale dello spirito
collettivo; che parla dell'uomo in situazioni reali
o allegoriche, ma di sicura risonanza esistenziale.

A prescindere da ogni approccio e da ogni
interpretazione possibile, difatti, un tratto condiviso
sembra caratterizzare le immagini degli arcani:
la loro natura enigmatica, allusiva, figurata.
E un filo sotterraneo sembra collegare tra di loro i loro
simboli: il riferimento a situazioni forti dell'esistenza.
Gli arcani dei tarocchi sono "arcani della vita", è stato
detto; parlano, cioè, di situazioni di vita e degli enigmi
della vita; parlano dell'uomo e, parlando dell'uomo,
si intridono delle qualità umane di chi li concepisce.

La serie di arcani presentata in questo libro s'intride
di qualità delle loro autrici.
Qualità di sincresi, anzitutto, una funzione che
accosta e sovrappone, che combina e unisce.
È sincretico il modo di realizzare le immagini:
un collage di fotografie ricombinate a comporre
le tradizionali figure degli arcani.

È sincretico il disegno di affiancare l'immagine
visiva, quella poetica e quella descrittiva.
Linguaggi diversi enunciano in forme diverse il
discorso del simbolo, nel tentativo di dispiegarlo
quanto più diffusamente possibile.
È qualità saliente di questo libro accostarsi con
strumenti articolati all'articolata complessità del
simbolo, che - per sua natura - condensa più contenuti
di quanto un singolo linguaggio sappia esprimere.
È atto di misurata discrezione non voler coartare
il significato simbolico entro una sola forma
di linguaggio, non tentarne un'opinabile spiegazione,
destinata a risolversi in un riduttivo travaso
di contenuti parziali da un linguaggio in un altro.

Le autrici si accostano agli arcani con qualità
e modalità archetipicamente femminili.
Colgono l'attinenza manifesta che aduna entro
un campo comune l'arcano, l'ignoto, l'inconscio,
il mistero e privilegiano il mistero.
Non guardano agli arcani come ai latori di messaggi
divinatori e nemmeno di presagi indicatori;
non li indagano come compendio di spiegazioni
né di rivelazioni. Più semplicemente,
più complessamente al loro sguardo gli arcani
sono muti compagni di via,
che silenziosamente interrogano l'individuo
nell'intimo di sé; sono figure della complessità,
che alle risposte preferiscono le domande.

Claudio Widmann

ARCANI
MAGGIORI

Son la Sophia
- l'Antica Conoscenza -
dai seni prorompenti,
dalle morbide cosce,
dall'anima nera come nera è la terra:
nero e fertile campo di grano,
umido campo di semina fresca.

Cova il Cavaliere
di penetrarmi, l'antico sogno:
dei miei segreti svelarmi
di carpirmi e trasformarmi in sua esca,
di compier con me l'eroica impresa.
Ma vana gli resta la lotta, inutile il fare
perché Vergine son, non nei lombi: nel cuore.

Desidera invece l'eterna Fanciulla
passeggiar con conforto al mio fianco
ma non conosce la sfida e Chi sono,
'ché il mio passo leggero tradisce
la coscienza del greve:
e ad ogni passo a spogliarsi così è costretta
di vesti, di ruoli, di futili orpelli,
a slegarsi i sandali, a sciogliersi perfino i capelli.

Eppure qui rimango
fiera, in immobile attesa
che nel tuo bramoso desiderio d'Arcano
tu scelga la questione e domandi,
che mescoli il mondo di nuovo,
che tagli deciso il mio mazzo divino,
che volti e disponga le carte:
si comincia il cammino.

IL MATTO

L'energia universale indifferenziata
Il fanciullo interiore

Sotto le ingannevoli spoglie di questo stravagante,
eccentrico e forse imbarazzante personaggio,
si cela l'Iniziato che sta per mettersi in cammino
alla ricerca di se stesso.

Incontrare Il Matto significa affrontare l'avventura,
assecondare la nostra voglia di esplorare nuovi
territori e nuove frontiere: è un'esortazione
a OSARE!

Vivere il suo "principio luminoso" significa entrare
in contatto con il nostro inconscio, accettare
e vincere la paura che deriva dal lasciare il vecchio
per il nuovo, spezzare la routine, curiosare,
esplorare, visitare altri luoghi e nuove situazioni.
Indossare l'abito della libertà ed esercitare
il libero arbitrio.

Vivere il suo "principio oscuro" significa
dissociarsi, alienarsi, condurre la propria esistenza
mantenendo l'abitudine di ripetere sempre
gli stessi errori, barattare la nostra genialità
con la follia. Significa perdere la fiducia in noi stessi
e accordarla invece a chi vuole trattenerci: forse
una persona, o forse un rimorso, un rimpianto,
un'oscura sensazione di incapacità.

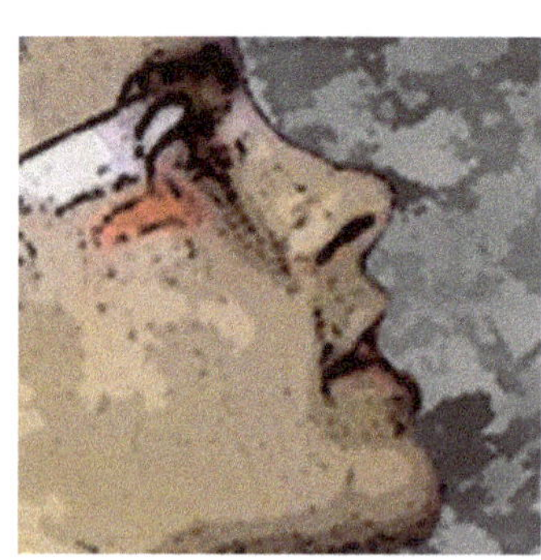

Non ho numero
(e come potrei)
inizio e fine
tutti in me li terrei:

il dritto e il rovescio,
la cima ed il fondo,
d'ogni verso il contrario,
l'assurdo del mondo.

Non ho piedi
che fermi possano stare
io son movimento
un continuo danzare.

Me la rido del pianto
e mi commuovo nel riso,
il mio cuore cambia d'un botto
ogni sagoma del mio viso.

Così e ho voltato direzione,
cosà e ho girato il destino,
ho solo una Stella nel cuore:
l'unica guida del mio cammino.

Ma se assurdo ti sembra il mio fare
e la mia follia poverina
stai all'occhio, oh lettore,
che è solo il tuo umile specchio
codesto giullare.

IL MATTO

IL MAGO

I

Le possibilità infinite

Il giovane Mago fronteggia una figura femminile
che rappresenta le infinite possibilità della Magia.
Sono presenti i "semi" della tradizione
(Pentacoli, Coppe, Spade, Bacchette),
ovvero i quattro Elementi fondamentali:
Terra, Acqua, Aria, Fuoco.

Incontrare Il Mago significa riconoscere
l'importanza delle proprie azioni, scoprire le nostre
abilità, capacità, competenze: è un'esortazione
a muoverci, a INCOMINCIARE.

Vivere il suo "principio luminoso" significa
imparare ad essere protagonisti, creare magie
e suggestioni per sviluppare le nostre facoltà
e sperimentare il nostro Potere personale, la nostra
capacità di comunicare e di esprimerci chiaramente
attraverso le nostre azioni. Significa che è giunto
il tempo di attivare le nostre potenzialità
e cominciare... partendo da noi stessi!

Vivere il suo "principio oscuro" significa
imbrogliarci e imbrogliare, creare illusioni,
truffare o ingannare... oppure proiettare fuori
di noi, nelle nostre relazioni, le nostre incapacità
accusandone gli altri: ecco quindi che possiamo
imbatterci in persone dal fascino ipnotico, vizi,
enigmi, tentazioni inaspettate. Significa provare
l'imbarazzo del fallimento, l'amarezza di aver perso
il nostro Potere personale e la sgradevole
sensazione di dover ricominciare.

Nel mare del nulla in un dì arcano,
l'Assoluto divino, l'Unico Uno,
per uscir da noia nel cielo dell'universo
specchiò curioso se stesso.

"Mago del Mondo" vide
"posseggo l'eterno segreto, proibito.
Sono il giovane-vecchio
colui che sa senza sapere,
per dovere o potere il mio compito è agire."

"Non muoverti vecchio-fanciullo
sul mio campo di natura - scura -
sono intuito, conoscenza, sacra presenza
toccarmi è profanar cosa pura."

"Ho lame a sufficienza
e una bacchetta ben fornita, appuntita,
son Signore di Magia, abile
il potere scorre fertile tra le mie dita."

"A nulla ti vale questo, divino alchimista,
del mondo il regista,
senza il mio corpo nero d'argilla
su cui tu possa operare.
Umiliati, declina la vista:
la trasformazione dal basso deve iniziare."

"Ho la coppa in cui mescere ingredienti,
traccio cerchio e stella,
conosco formule davvero possenti, potenti,
trasformo in oro perfino gli escrementi!"

"Rido e del tuo potere m'intrigo
che imiti così il mio sacro Ventre
e le leggi intere della Terra nuda,
Mago del Mondo di Magia possente."

"Rido e di te m'intrigo
Femmina casta di Natura,
corpo sacro, Terra divina,
della Vita il segreto,
delle mie leggi l'argilla pura".

E così discutendo
in questo reciproco diletto
l'Assoluto se stesso abbracciò fiero:
perennemente
da tanto amore perfetto
ogni dio genera l'Universo intero.

IL MAGO

II LA PAPESSA

La Soglia della Conoscenza

Saldamente seduta sulla scacchiera del pavimento,
questa Custode della Sapienza Divina accoglie
l'Iniziato per rivelargli la Verità. Gli apre le porte
del Tempio di cui protegge i misteri: quelli della
Vita, della Conoscenza, della Sacralità, proprio
come una gestante nel suo periodo di attesa.
Nel suo grembo si cela il libro della Conoscenza.
Possiede le chiavi della dottrina segreta e sul capo
porta una luminosa Luna crescente.

Incontrare la Papessa significa sintonizzarci sul
Principio Femminile della Madre Terra, imbatterci
nella percezione del mistero, di ciò che è nascosto:
è un'esortazione ad AFFRONTARE LA VERITÁ.

Vivere il suo principio "luminoso", significa
scendere nella nostra interiorità per scoprirne
i tesori nascosti: la nostra capacità di essere
ricettivi, il nostro grado di riservatezza, saggezza,
intuitività, chiaroveggenza.
Significa ricordarci che dobbiamo scegliere nella
sostanza anziché nella forma.

Vivere il suo principio "oscuro" vuol dire calpestare
una terra arida, sterile, creare finzioni, nascondere
segreti e scopi inconfessabili, disegni di vendetta.
In noi o fuori di noi siamo costretti a confrontarci
con l'egoismo, la mancanza di pietà, la freddezza.
Dobbiamo conoscere la severità e la durezza,
la nostra ignoranza spirituale, morale e materiale.

Sono la Sacra
la Silente e la Sola.

Sono la Sophia arcana,
l'Architetto del Creatore,
la Luna del Sole.

Sono il duplice divino,
l'Una in se stessa
il Ventre e l'Uovo Cosmico
del Mistero la sacerdotessa.

Sono la quiete del movimento:
sono l'onda del mare che lambisce
i lembi di sabbia
ritornando in perpetuo a lambire la sabbia...

Sono lo sguardo cristallino,
il duplice Specchio:
la casta riflessione
dell'infinito del mondo
dell'abisso del cuore.

Sono il vasto
viaggio
dell'Immobile.

Sono la Custode del Libro
la Signora della Chiave
di tutte le possibili letture.

Sono la Creazione prima del Creato,
la Potenza recettiva,
la forza passiva,
la Ciclicità immobile,
la fonte del Fato.

Io sono l'Attesa paziente ed attiva,
la Casta Creativa.

Io sono la Sola e la Silente.
Sono la Sacra.

III

L'IMPERATRICE

La Creazione infinita

Ecco la Dea Sovrana, splendida e luminosa,
umanizzata per suo stesso volere: è in procinto
di partorire, come ha già fatto altre innumerevoli
volte.
Opulenta, magica, regale ma pur sempre fresca,
giovane, carnale. Governa sui cieli, dove nascono
le idee e prendono forma le Leggi Universali,
ma il suo potere si esercita anche in basso,
sul mondo sub-lunare, ed ecco il piede poggiato
sulla mezza Luna rovesciata.

Incontrare l'Imperatrice significa prendere
coscienza della nostra capacità di creare: può
essere la maternità, un progetto, un'idea.
Rappresenta l'incontro con la nostra intelligenza,
il nostro senso estetico, la Musica, la Poesia,
le Arti. Possiamo essere come lei: belli, gentili,
affascinanti, amichevoli, entusiasti:
è un'esortazione a ESPRIMERCI.

Vivere il suo "principio luminoso" significa sentire
lo spirito vitale della natura trasformarsi
misteriosamente in forma materiale: diveniamo
fecondi e diamo la Vita.
Una meta prefissata dalla nostra volontà è in via
di realizzazione. Un progetto impostato è in via
di sviluppo.

Vivere il suo "principio oscuro" significa mettere
in crisi la nostra energia vitale, esaurire le forze,
dissipare le nostre ricchezze. L'esuberanza
e l'entusiasmo diventano dispersività e frivolezza,
il fascino e la saggezza diventano vanità
e superficialità. Non riusciamo più a creare,
ci deprimiamo, ci trascuriamo. Significa che
abbiamo perso la nostra freschezza e cominciamo
a sfiorire come una rosa appassita.

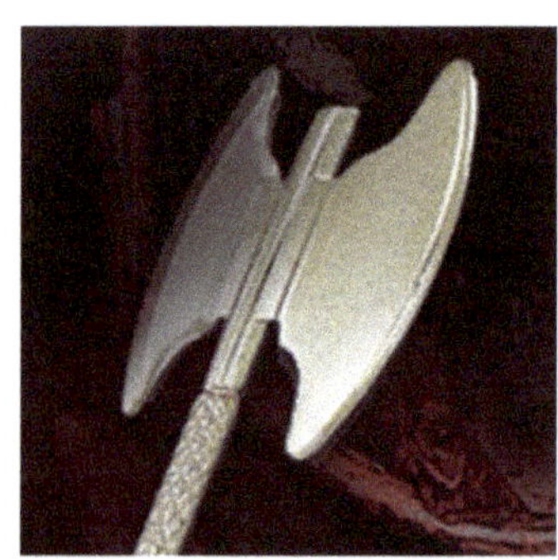

S ono io, colei che impèra,
sigillo di Iside il mio trono
sul quale partorisco il mondo
con continua grazia e fiera.

La Creatività
mi sgorga tra le cosce,
mi giace con fremito nel grembo
e vibra tra le pieghe delle rocce.

La Lilith, l'Ishtar io sono
l'antica donna alata,
la generata e la ripudiata
dell'arcaica serpe il dono.

Sono il desiderio nascosto
dell'uomo bramoso
ed echeggia – regale – la mia risata.

Sono la materia in azione
che brulica viva
come terra bagnata:
l'argilla plasmata.

Sono la mano di grazia,
la Regina del Mondo
l'aiuto eterno, l'astuzia, il Progetto:
la realizzazione del Sogno
nel quale mi beo.

Io Creo.

L'IMPERATRICE

L'IMPERATORE

La Potenza Realizzatrice

Il Sovrano qui raffigurato rappresenta la massima
autorità materiale. Egli plasma e ordina il mondo
della materia partendo da quello ideale: si vede
chiaramente la sua natura buona, equa,
magnanima: non impugna armi, il suo potere
non ne ha bisogno. Sembra intento a mostrarci
un gioco e a rivelarci che la sua non è solo capacità
di governare ma anche di farci sognare…

Incontrare l'Imperatore vuol dire comprendere
il valore dell'autorevolezza mettendo
in discussione il concetto di autorità. Egli domina
sull'Universo: stabile, solido, rassicurante
e protettivo. Il suo rigore e la sua fermezza
ci danno sicurezza e dissipano le nostre paure.
Il cubo (la stabilità), il Globo (il dominio),
lo Scettro (il comando) sono gli strumenti
che ci mette a disposizione per dirigere la nostra
vita e quella di coloro dei quali ci prendiamo cura.
È un'esortazione a ESSERE RESPONSABILI.

Vivere il suo "principio luminoso" significa
ragionare, organizzarsi, realizzare. Significa
scoprire il nostro fuoco vitale, dare corpo
alla nostra volontà, esercitarci nella materia,
condurre le idee a compimento.
Se ben sintonizzati con la sua energia niente
può turbarci, non temiamo sconvolgimenti
in quanto possediamo la facoltà di riacquistare
immediatamente la calma e l'equilibrio.

Vivere il suo "principio oscuro" è manifestare
o incontrare qualsiasi forma di abuso del potere:
possiamo essere tiranni o palesemente dittatori,
ma anche subdoli o coercitivi. Il potere
è strettamente connesso con l'Io, ed ecco
che diventiamo egoici, egocentrici, presuntuosi
e arroganti. Perdiamo di vista scopi e obiettivi
e agiamo sotto impulsi e istinti incontrollati
e irrazionali. Non possiamo più proteggere nessuno,
né noi stessi né coloro di cui siamo responsabili.

Sono il quattro:
l'Imperatore
del Regno dei Regni il Signore
il pensatore, del Mondo il Potere,
il dovere
di rispettare le Leggi.

Rileggi ciò che l'Universo ha scritto
in un quattro perfetto
dai cardini lati
dagli spigoli affilati
che punta, stagione dopo stagione,
nella sua certa, ridondante direzione.

Io al centro, nel mio trono quadrato,
stabile, immobile, nobile,
come pietra antica scolpita
alle porte del deserto vergine,
come un fulcro solido
di un universo labile,
impalpabile.

Sicuro, duro nel mio ruolo antico
eppur presente, potente
legifero ancora
la norma normata
che norma il normale;
e tu, formica tra le mie dita,
trova pace quieta
nell'eterna legge
che poi non è così banale.

L'IMPERATORE

V

IL PONTEFICE

Il ponte verso l'Infinito

Un'inquietante figura carismatica: sembra che
stia officiando un rituale, forse un'iniziazione.
Due allievi e due gatti: l'umano e il magico.
Una lunga scala, un "ponte" tra il piano terreno
e la trascendenza. È Lui stesso il Pontefice, colui
che amorevolmente getta un ponte fra il terreno
e il divino, guida, insegnante, Maestro.

Incontrare il Pontefice è un'esperienza
di illuminazione: ci fa luce nel buio, ci indica
la strada, ci fa trovare i nostri ideali, sentire quali
sono i nostri doveri, ci fa conoscere la legge
morale. Il suo incontro ci dà l'opportunità
di scegliere l'esperienza profonda del discepolato:
è un'esortazione ad APPRENDERE.

Vivere il suo "principio luminoso" significa
ampliare le nostre conoscenze e aumentare
la nostra capacità di comprensione. Attraverso
l'apprendimento dei suoi insegnamenti ciascuno
di noi acquisisce i suoi ideali: qualcuno diverrà
caritatevole e compassionevole, qualcun altro
maestro, sciamano, consigliere, o forse terapeuta
o consulente, altri scopriranno una vocazione,
si occuperanno di etica o di giustizia.
Per tutti si tratta di fare esperienza
della quintessenza dello Spirito.

Vivere il suo "principio oscuro" vuol dire
che trasmettiamo indottrinamenti, ipocrisia,
dogmatismo.
Significa atteggiarsi a guru e rinnegare il maestro.
Pretendiamo dipendenza e dedizione
incondizionata da chi si affida al nostro "sapere".
Perdiamo di vista i nostri ideali, col pericolo di
incontrare (o divenire noi stessi) cattivi maestri
e falsi profeti, impietosi con gli altri
e compiacenti con sé stessi.

Se la mia benedizione perfetta
forma avesse
e volto divino
sembrerebbe senz'altro
un docile bambino.

Ma io m'insinuo ingenuo
in un volto d'anziano
'ché più incisiva ti paia la mia mano
quando accarezza lieve
le tue paure scure
posate sul crinale
del tuo capo pavido:
lì indulgo e rimango
e ti sciolgo
l'ansia antica
egoistica e resistente
di un domani inesistente.

Ti benedico, ora,
per il tuo vivo presente,
per l'adesso imminente;
per la spirale del tempo
che è illusione protagonista
di un astuto illusionista;

per lo Spirito tuo che lieve,
come neve,
eternamente viaggia, identico
e attende fremente il riposo quieto ed antico.

Per tutto questo, anima mia, ti benedico.

VI L'INNAMORATO

La Scelta
Incontrare il Mondo

Il protagonista di questo Arcano è Cupido
che punta la sua freccia al cuore del personaggio
al centro della scena. Questo giovane uomo
sembra dubbioso sulla strada da prendere e il gesto
di Cupido sembra dirgli: "Prendi la via del cuore".

Incontrare l'Innamorato significa entrare
in relazione: interagire, comunicare (com'è
eloquente il gioco di quelle mani!). Eccoci di fronte
ad un bivio dove altri personaggi ci aspettano.
Forse dobbiamo prendere delle decisioni, fugare
dubbi e perplessità, ma come fare? Seguendo
le indicazioni del nostro Sé superiore (Cupido).
È un'esortazione a SCEGLIERE secondo la nostra
ispirazione, senza farci condizionare o influenzare.

Vivere il suo "principio luminoso" vuol dire
che siamo pronti a relazionarci con l'Altro.
Ora possiamo andare incontro al mondo,
possiamo affrontare il conflitto della scelta.
Il conflitto fra amore sacro e amore profano
qui ci viene proposto come metafora
di ciò che prelude ad ogni passo importante:
possiamo affrontare qualunque provocazione
operando una scelta consapevole.

Vivere il suo "principio oscuro" significa entrare
in crisi ad ogni incrocio che incontriamo lungo
il nostro cammino abituale, non riusciamo
a concepire una deviazione, vediamo minacce
nascoste dietro ad ogni decisione da prendere.
Siamo in balìa di emozioni e sentimenti
che ci impediscono la comunicazione
e tutto ciò che ne fa parte.
La relazione diventa difficile e conflittuale.
Possiamo ritrovarci spettatori bloccati e paralizzati
mentre intorno a noi la vita scorre senza
che riusciamo ad esserne protagonisti.

Innamorato son d'amore,
del languore del cuore che agita le cose,
della carne profumatamente umana
e dell'animo nobile che la carne incarna.

Scaldato son dal Sole
che brucia il mio animo bambino
e cerco, e tocco, e voglio
del gioco della vita il piacere divino.

E rido, e t'abbraccio,
e pure di lei faccio desiderio
'ché so che non c'è male al mondo
che non giaccia
a priori nel profondo
di un petto
già infido e laido.

Puro: godo della vita, invece,
della carne e d'amore
e la mia mente salda
in ogni caso rimane
'ché anche nel pieno ed intenso godere
io so distinguer molto bene

tra Fede e Passione.

VII IL CARRO

Il primo atto di volontà

Un giovane principe sembra venirci incontro,
trionfante sul carro trainato da due cavalli
che tirano in direzioni divergenti: uno rappresenta
la volontà costruttiva, l'altro l'impulsività impaziente.
È necessario un atto di volontà consapevole per
trarre vantaggio dal coordinamento di forze opposte
e raggiungere così un perfetto equilibrio: il giovane
principe appare sereno, conduce sicuro di sé
senza usare le redini e senza alcuno sforzo,
la sua è una volontà interiore, spirituale.

Incontrare il Carro significa che abbiamo deciso
di dirigerci verso una meta e che possiamo scegliere
il mezzo di trasporto più giusto per noi.
Saliamo sul carro fiduciosi nella nostra volontà,
nell'onestà delle nostre intenzioni, nella tenacia
e nella risolutezza del sapere ciò che vogliamo,
sicuri della direzione verso cui stiamo andando.
Il suo incontro è un pronostico di successo,
a patto di seguire il suo invito a non lasciare
che la nostra mente vaghi in tutte le direzioni:
un'esortazione a DEFINIRE i nostri traguardi.

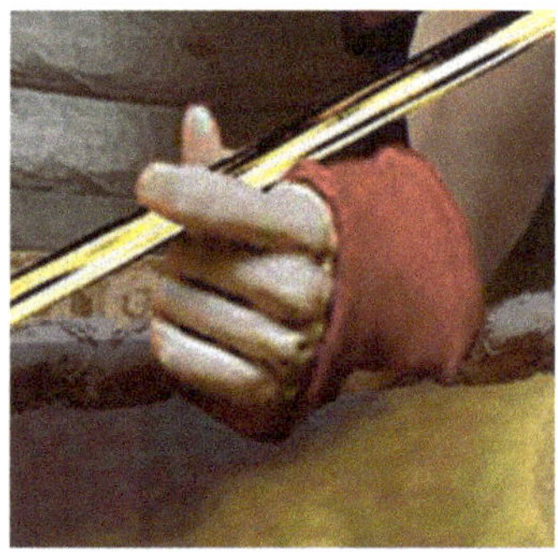

Vivere il suo "principio luminoso" vuol dire saper
agire nel mondo esercitando la volontà, realizzare
equilibrio e armonia, dominare le forze avverse,
essere fermi e decisi nell'espressione dei nostri
talenti. Significa perseguire obiettivi di progresso
e di evoluzione con la consapevolezza di non
guardare mai in una sola direzione,
ma di mantenere sempre una visione d'insieme.

Vivere il suo "principio oscuro" può farci agire
avventatamente per eccesso di ambizione,
incapacità, mancanza di tatto: se condotto
con troppa violenza, aggressivamente, questo carro
può farci perdere la direzione facendoci sentire
sconfitti. Può addirittura rovesciarsi o, peggio
ancora, può farci travolgere chiunque si trovi
sul nostro cammino. Perderemo così
i nostri cavalli (l'energia), il nostro carro (la volontà),
e persino il conducente (noi stessi).

Guido il mio carro
in immobile attesa
nei cieli del fato,
nell'alto e nel basso.

S'agitano gli animi
ed i miei due destrieri
ma non cedo all'istinto:
ragiono,
son convinto.

Così - saldo -
nel mezzo d'un fuoco di Vita
mi scorron ai fianchi le strade:
ipotetiche vie del probabile;

ma, redini in mano,
conquisto il destino
mirando - nel centro -
il mio giusto Cammino.

VIII — LA GIUSTIZIA

Il perfezionamento del Sé
Imparzialità di giudizio

Veniamo accolti in una calda ed intima stanza
regale, al cospetto di una donna altrettanto regale.
È in uno stato di profonda meditazione,
con lo sguardo rivolto alla sua gravidanza,
concentrata nell'ascolto della sua voce interiore:
è necessaria una potente centratura per svolgere
il suo difficile compito. Nella mano destra tiene una
lunga spada scintillante, nella sinistra una bilancia:
deve pesare i destini degli uomini e ristabilire gli equilibri.

Incontrare la Giustizia significa imbattersi nella Legge
Suprema, generatrice di ordine e organizzazione.
Ci chiede di perfezionarci, non solo materialmente,
ma anche in termini di pensieri e sentimenti.
È un'esortazione a essere IMPARZIALI,
con noi stessi e con gli altri.

Vivere il suo "principio luminoso" ci impedisce
di giudicare e giudicarci sulla base di pregiudizi,
supposizioni, pene e punizioni. Ci permette di essere
obiettivi e leali nelle nostre opinioni: possiamo
perseguire le verità che stanno al di là del nostro Ego,
riusciamo ad ascoltare il punto di vista di ognuno,
senza schierarci. Perfezioniamo le nostre abilità,
competenze, conoscenze. Siamo in grado di rimettere
in ordine i pensieri, la casa, le relazioni, eccessi
e squilibri. Concentrazione e disciplina, abbandono
di inutili sensi di colpa, aumento di autostima:
facciamo pace col nostro "giudice interiore".

Vivere il suo "principio oscuro" può fare di noi
dei giudici spietati. Durezza, rigore, fissità, diventano
gli ingredienti di cui si nutre una Giustizia cieca,
in grado di vedere solo deformazioni e squilibri.
Guidati da un senso di giustizia impedita e bloccata,
finiamo per essere implacabili quando ci è richiesta
compassione. Indecisi e sleali, sentenziamo con
presunzione. Senza etica diventiamo moralisti.
Avidi di perfezione, ci trasformiamo in perfezionisti.
Senza equilibrio ed equità ci ammaliamo,
nel corpo, nell'anima, nello spirito.

Giustizia:
parola diffusa
nel mondo confusa
col senso dell'io
e di uno sguardo privato.

Eppure mi elevo,
respiro di Vita,
in un ampio universo
che ben più in là mira.

Struttura del Mondo
oscillo
lieve
tra apparenze ed inganni
e mantengo – corretto -
il vibrante equilibrio

affinché infine ciò che è sia
e ciò che di destino
il non esser contempla
sparisca dal mondo
dal caso, dal labile fato,

e l'ordine mobile
con dolce pazienza
venga infine
amorevolmente ristabilito.

LA GIUSTIZIA

L'EREMITA

Scienza, conoscenza, coscienza
La crisi come opportunità

Un vecchio dagli occhi vivaci e pungenti ci osserva
con benevolenza e pare volerci indicare il percorso.
Il suo sguardo ci invita a scrutare attentamente
attorno a noi, senza farci distrarre. La luce della
lampada, come la sua luce interiore, è metafora
di conoscenza e saggezza profonda.

Incontrare L'Eremita significa attraversare un
periodo di crisi esistenziale, una fase di passaggio:
potrà essere un momento facile o difficile, leggero
o pesante, ma in ogni caso necessario
e ineluttabile. Per una donna potrà essere
il passaggio dalla fertilità alla menopausa,
per un giovane quello dall'adolescenza all'età
adulta, per un uomo la "crisi di mezza età": tutti
momenti cruciali, con promesse di opportunità,
possibilità di acquisire consapevolezza e maturità.
È un'esortazione a fare esperienza del SILENZIO,
per poter udire la nostra voce interiore
e imparare così a riconoscere in ogni crisi il suo
valore evolutivo.

Vivere il suo "principio luminoso" ci permette
di conoscere l'essenza di noi stessi, quanto
sappiamo essere umili, quanto distaccati dal nostro
Ego, indifferenti alla corruzione materiale.
Esercitiamo con saggezza i nostri ruoli di padri,
nonni, maestri e terapisti.
Possiamo entrare e uscire dalle nostre emozioni
e, come un alchimista, utilizzare l'isolamento
e la solitudine per fare ricerca e sperimentare,
a beneficio di tutta l'umanità.

Vivere il suo "principio oscuro" significa subire
la crisi anziché affrontarla, ritirarsi in un'esistenza
privilegiata e protetta: una solitudine che diventa
isolamento, un'introversione che diviene causa di
ristrettezza mentale: padri assenti, vecchi che non
sanno più insegnare, guidare, curare. Coscienza
ed empatia si trasformano in durezza e freddezza:
rifiutiamo la crescita, perchè bloccati dalla paura.

S on l'Eremita:
il solitario deserto,
il muto nella baita antica,
il pensatore inquieto e pacato,

Sono colui
che cercando il Giusto
ha Errato.

Son la lanterna accesa, appesa
tra le mani di un Diogene nudo;
la domanda assillante e la risposta attesa
perché nella vita più di una volta
sono inciampato.

Sono colui
che cercando il Giusto
ha Errato.

Son la barba sfatta,
'ché più non importa,
lo straccio alla vita
la mano callosa,
l'ombra vagamente illuminata
il piede scalzo, nero e indurito.

Sono colui
che cercando il Giusto
ha Errato.

Son la ferita del cuore sanata,
la cicatrice-che-vede pacata,
la libera scelta corretta,
la consolazione in amore perfetta,
perché sempre, inquieto ed impavido,
ho domandato:

io
sono colui
che cercando il Giusto
ha Errato.

L'EREMITA

LA RUOTA DI FORTUNA

I cicli del divenire
La Legge del karma

Con i piedi ben poggiati sulla Madre Terra,
la Signora del destino sembra sorgere dalle intense
profondità di un oceano infinito. Le sue mani
sembrano voler imprimere alla grande Ruota
un movimento... oppure trattenerlo: sarà Lei
a decidere l'inevitabile cambiamento, il flusso
e riflusso della vita, mentre l'uomo, percorrendola,
fa esperienza della realtà in continuo mutamento:
in ascesa, all'apice, in discesa, immergendosi
e riaffiorando.

Incontrare la Ruota di Fortuna significa imbatterci
nella ciclicità e nell'alternanza di ogni situazione,
nell'impermanenza e nelle polarità della nostra
esistenza. Scopriamo il nostro karma: ciò che siamo
è frutto di ciò che siamo stati e seme di ciò che
saremo. La sua è un'esortazione ad essere
CONSAPEVOLI del nostro passato e,
proprio per questo, FIDUCIOSI nel nostro futuro.

Vivere il suo "principio luminoso" aiuta a
non identificarsi solo con gli alti e bassi della vita,
della fortuna, dei successi o fallimenti, perchè aiuta
a comprendere le inevitabili mutazioni
delle condizioni umane. Se siamo ben centrati
nel presente, possiamo volgere uno sguardo
al passato e, riconoscendone l'essenzialità,
prevedere ciò che accadrà nel futuro.
Non si tratta di "preveggenza" ma di conoscenza:
l'alternarsi di fine e principio dei cicli evolutivi.

Vivere il suo "principio oscuro" significa non
riconoscere la necessità di quest'alternanza
e rimanere bloccati, con la paura di aprire
una nuova fase, cercando pretestuose
giustificazioni per poter evitare il cambiamento.
Ma, prima o poi, dovremo far girare la Ruota...
o saranno gli eventi esterni, gli altri, le circostanze,
ad operare quel cambiamento al posto nostro.

M'hai cercato, mi hai voluto,
son la tua Dea:
Fortuna sono.

Tu che ricchezze ambisci
e benessere, e fama
non senti vibrare la mia risata arcana?

'Ché di qua io giungo
a darti il favore
e cieca giro
con un sol colpo di mano
il Tempo e il Fato
mentre cigola il mondo
al movimento dato.

Ma tu dove sei? Dove ti sei messo?
All'apice? In salita?
O varchi già l'onda nella discesa repentina?

Perché di questa trasformazione,
di questo eterno rinnovamento,
devi far tesoro.
Saggezza, poi, del suo eterno centro:

'ché la fortuna scappa
e la fortuna arriva.
Attento allora e ricorda:
la fortuna
gira.

LA RUOTA DI FORTUNA

LA FORZA

Forza interiore, concentrazione

Osserviamo la delicatezza del gesto di questa
donna e la dolcezza dell'espressione che il Leone
le rivolge: essi sono in perfetta sintonia.
Nessuno sforzo da parte di lei nel domare
l'animale, nessuna aggressione da entrambe
le parti. Manifestano la stessa forza, lo stesso
potere, la stessa serena attenzione.

Incontrare La Forza è paragonabile a un risveglio
energetico, a una ripresa delle forze fisiche,
intellettuali e psichiche. Mostra la possibilità
di intraprendere un nuovo percorso esercitando
la volontà, il coraggio, la determinazione.
Possiamo liberarci da vecchie abitudini e stereotipi,
abituandoci a sentirci a nostro agio, sereni
e fiduciosi anche di fronte alle prove più ardue:
è un'esortazione a DOMARE - anzichè reprimere -
mente, istinti, emozioni e passioni.

Vivere il suo "principio luminoso" significa
esercitare la *pratica della non violenza*: possediamo
forza interiore, salute fisica, concentrazione.
Acquisiamo la capacità di entrare in comunicazione
con le nostre parti più istintuali, senza permettere
loro di travolgerci.
Siamo in grado di osservare le nostre reazioni
e quelle altrui, col giusto distacco emotivo.
Impariamo ad aumentare il nostro senso
della realtà, a riconoscere e accettare i nostri limiti.

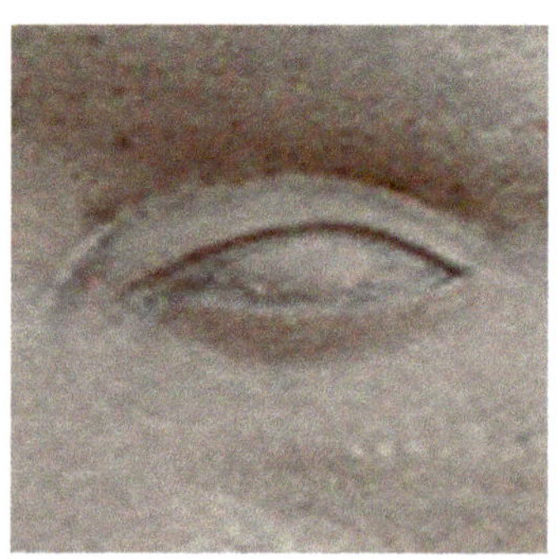

Vivere il suo "principio oscuro" equivale a perdere
la fiducia in sé stessi, operando, da una parte,
una sorta di congelamento: i concetti mentali
si irrigidiscono, i sentimenti si ghiacciano,
le azioni si bloccano e la paura paralizza tutto.
Dall'altra parte, sempre a causa di sfiducia e paura,
perdiamo la capacità di autocontrollo e liberiamo
il nostro peggiore istinto animale: aggrediamo,
litighiamo, dominiamo.
Concentrati solo su noi stessi, ignoriamo
completamente altruismo e compassione.

... e tu liscia
la mia pelle
liscia
come manto felino
fulvo come il mattino
divino.

E attento al mio sguardo
di fuoco
maliardo
potente ed irriverente

'ché la Forza io sono
selvaggia, impaziente.

Cavalco il Destino
e del suo furore bestiale
fuoco ne faccio e potenza animale,
desiderio di Vita, senso sensuale.

In piedi ti tengo
nel dolore,
nel timore più acuto;
"Persevera!" è il mio motto
il mio insistente aiuto.

Testarda e irruente
ti costringo
al cammino - oh, ramingo -
non ti faccio mollare
cedere, fermare.

Se vuoi Vivere veramente
cavalcami paziente
silente
temimi senza temere
fiera delle fiere
indenne ti condurrò all'unica tua dimora
e
ti proteggerò - credimi -
fino all'ultima ora.

LA FORZA

L'APPESO

Pausa, sosta, capovolgimento
di situazione/visione/pensiero

Una bellissima posizione yoga... capovolta!
Il Tutto e l'incontrario di Tutto.
Il personaggio che oscillando osserva il mondo
a testa in giù, sorride, sembra divertirsi della sua
immobilità e, fidandosi ciecamente del sostegno
lunare, entrare in uno stato meditativo.

Incontrare l'Appeso significa fare esperienza della
nostra parte più mistica, dell'aspetto meno attivo
della nostra vita. La sua posizione rovesciata,
eppure serena e fiduciosa, ci induce a riflettere
sul fatto che forse per noi è giunto il tempo
di volgere lo sguardo verso nuove soluzioni,
nuove idee, poiché ora siamo in grado
di comprendere che le cose non sono sempre
quelle che sembrano: è un'esortazione
a CAMBIARE i nostri punti di vista,
modificando gli schemi precostituiti.

Vivere il suo "principio luminoso" vuol dire adattare
con profitto il proprio pensiero alle circostanze e...
sacrificare, cioè "rendere sacro" tutto ciò
che viviamo: il valore profondo della dedizione,
di una rinuncia temporanea, della mancanza
di movimento fisico, della generosità e del disinteresse.
Possiamo sospendere le nostre attività e concederci
periodi di riposo, con la capacità di trasformare
l'attesa passiva in meditazione attiva,
consentendoci la possibilità di nuove visioni.

Vivere il suo "principio oscuro" ci annebbia la vista:
vediamo noi stessi come vittime, sentiamo
il sangue alla testa come una condanna
all'impotenza. Il messaggio di passività
viene vissuto nella sua accezione più negativa:
stiamo lì senza far niente, senza produrre niente,
restiamo sospesi in attesa che qualcuno o qualcosa
ci tolga da questa situazione congelata.
Come una bandiera al vento, passiamo impauriti
da un pensiero all'altro, da un'opinione all'altra,
ora convinti di una cosa,
subito dopo del suo esatto contrario.

Se infine cercavo
una giusta visione
non pensavo mai più
di ribaltar l'opinione.

Io che, convinta,
nel mondo il mio gioco ho giocato
ad un punto morto, una stasi,
son dunque arrivata.

Or non mi resta che invertire il destino,
cambiare lo sguardo,
voltare il cammino.

Per fare ammenda e trovar soluzione
al contrario m'appendo:
capovolta visione.

Da qui – in basso – il mondo è diverso:
salgon le lacrime, si svuotan le tasche,
il cuor se la ride del mio sforzo leggero:

ho il sangue al cervello:
posso cambiar pensiero.

L'APPESO

XIII

La trasformazione,
ovvero la rinascita attraverso la distruzione

In questo luogo surreale vediamo una figura che,
al solo accenno del suo nome, da sempre inquieta
l'uomo: la Morte. Ma osservandola senza paura
riconosciamo in lei un personaggio più familiare:
un mietitore ridotto a scheletro dalla fatica.
Ha deposto la sua falce ai piedi di un albero e riposa
dopo un lungo lavoro di pulizia e rigenerazione.
Ci parla di trasformazione: la sua immagine
è rappresentata qui come il manifestarsi
di una metamorfosi.

Incontrare l'Arcano XIII significa rendersi conto
dell'indispensabilità di una reale distruzione
laddove un semplice cambiamento non basterebbe
per ottenere una vera rinascita: le opere compiute,
le grandi idee, i percorsi di ciascuno di noi,
devono essere purificati dal passato per preparare
il terreno alla nuova semina.
La Morte, nella sostanza, è un'esortazione
a RINASCERE.

Vivere il suo "principio luminoso" ci permette
di comprendere le leggi della vita in ogni
esperienza umana, dai cicli di sonno/veglia
a quelli stagionali, dai cicli delle epoche storiche
a quelli delle età evolutive: non vi è mai una fine,
mai una perdita, sempre una trasformazione
in qualcosa di nuovo.
Riusciamo a fare piazza pulita di tutto il superfluo
e ad operare i tagli necessari.

Vivere il suo "principio oscuro" ci rende incapaci
di capire e decidere cosa può continuare a vivere
dentro e fuori di noi e cosa deve invece morire.
Non riusciamo ad abbandonare ciò che non
ci serve più, siano essi ricordi, oggetti o persone.
Iniziamo una quantità di cose o ci muoviamo
nervosamente, ritrovandoci sempre inconcludenti
e impauriti alla sola idea di dover mettere la parola
"fine" a qualcosa.
Allora ci lasciamo prendere dall'ira e diventiamo
distruttivi, bloccando il naturale processo
di trasformazione e rinascita.

Da questo mondo
eternamente bandita
sono Sorella Morte:
Madre di Vita.

Da quando nascesti
compagna ti fui:
in quel dì lontano con forza ti levai
dal ventre pulsante di tua madre
che tra le grida mi stringeva i polsi.

I tuoi passi accompagnai
e le tue pelli raccolsi,
mutate nell'arco degli anni.

Come ombra amorevole
ho seguito il tuo destino.
Fredda compagna alle spalle
ti ho concesso il cammino,
e silenziosa i tuoi *te* passati
con gioia ho seppellito.

È solo del coraggioso
tenermi sempre salda
compagna al suo fianco.

È di tutti invece avermi vicino
quando, nell'attimo stanco
in cui il cerchio si chiude,
finisce e comincia il destino.

LA TEMPERANZA

La fusione perfetta
La circolazione dei fluidi vitali

Una creatura alata sta travasando un liquido
"speciale" da un'anfora all'altra: è il fluido vitale
che permette all'uomo di amalgamare gli elementi
fra di loro, per operare la fusione perfetta.

Incontrare La Temperanza ci rassicura
e ci conforta: essa provoca nel corpo umano
un effetto moderatore, sentiamo il suo fluido
medicare le nostre ferite e rianimare
le nostre energie. Restituisce ad ognuno
le forze spese, rigenera, vivifica e ci rimette
in equilibrio.
Significa che riconosciamo e accettiamo
il "battesimo" purificatore della rinascita
dopo la morte.
È un'esortazione a TEMPRARE lo Spirito
CURANDO il corpo.

Vivere il suo "principio luminoso" vuol dire
guarirci da tutti i malanni perchè sappiamo curarci
in modo completo, con la medicina giusta per noi,
con rimedi sia materiali che spirituali,
con rituali di purificazione, con moderazione
e buon temperamento, sapendo ascoltare
e far circolare le idee.
Sappiamo dare tempo al Tempo e conosciamo
la pazienza, il continuo fluire della vita.

Vivere il suo "principio oscuro" significa invece
abbandonarci ad eccessi di ogni genere,
vivere con superficialità e freddezza, gestire male
la nostra salute lasciandoci prendere dalla pigrizia,
dall'ozio, dalla passività.
Blocchiamo il fluire della comunicazione, perdiamo
il senso delle proporzioni e il giusto ritmo
dell'alternanza degli opposti, dimenticandoci
del loro principio di complementarietà.

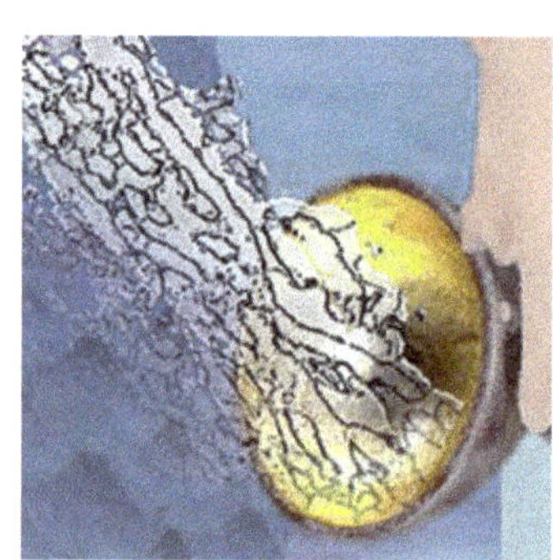

Quieta
mescolo
e rimescolo il fluido
nel fluido morbido;
e ancora il bianco stellare
nel caldo oro
del liquido puro
dell'atavico umore.

Son Misura
ma senza metro,
morbida come onda di seta
sul tuo mare inquieto;

e come ogni acqua
a ciò che la contiene
umilmente si adatta,
così faccio io
con gli eventi del Tempo,
i sogni, i destini:

scegli dunque i calici divini
e con umile gioia
infondi pacato movimento
alla tua breve storia.

IL DEMONE

La radice di ogni impulso, istinto, passione
Il tormento interiore

L'intenso sguardo tentatore di questa divinità
infera, ci rivela la sua capacità di scrutare nelle
profondità e oscurità della natura umana.
È spaventoso o seducente? Ci inquieta, in ogni caso.

Incontrare il Demone è come ricevere un ospite
sgradito nell'intimità della nostra casa: non ci fa
piacere concedergli di entrare nel nostro spazio
sacro, giudicare i nostri gusti personali, criticare
il nostro ordine o disordine, discutere le nostre
scelte di vita. Ha uno sguardo magnetico
e modi affascinanti ai quali è difficile sottrarsi.
Percepiamo la sua volontà di asservirci e il rischio
di non poter più essere padroni di noi stessi. Ma se
accettiamo di affrontarlo faccia a faccia, scopriamo
il suo gioco: il Demone compare nella nostra vita
quando abbiamo necessità di ricontattare la nostra
"fonte". La sua è un'esortazione alla RICERCA dei
nostri tesori nascosti, per poterci liberare
da qualunque tipo di schiavitù.

Vivere il suo "principio luminoso" è una conquista:
riaffioriamo da dolorose immersioni nella nostra
oscurità, vinciamo battaglie contro le nostre
pulsioni più primitive, trasformiamo lotte
e tormenti interiori in successi e scoperte.
Riconosciamo e integriamo la nostra ombra,
trovando la nostra libertà personale. Sciogliamo
nodi e legami di dipendenza, esprimendo le nostre
passioni, i nostri principi etici, il valore della
materia, del nostro corpo e della nostra sessualità.

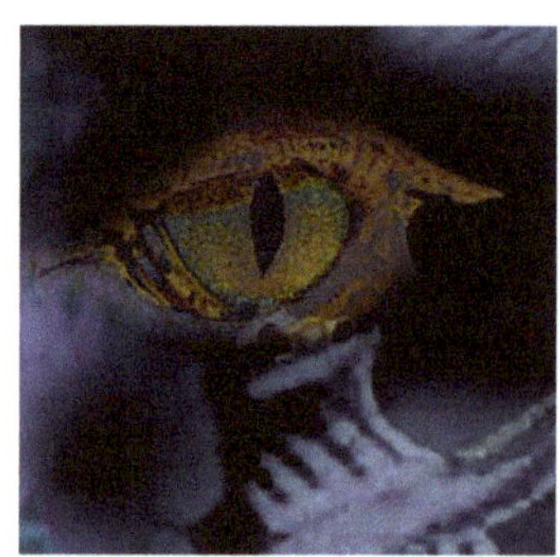

Vivere il suo "principio oscuro" è una sconfitta:
agiamo con ignoranza, con impulsi e istinti
egoistici. Siamo alla mercè di un demone che
corrode le nostre preziose radici, nasconde talenti,
valori e potenzialità. Ci rende schiavi di bassi
istinti, di confusione fra sesso e possesso, di brame
di denaro e passioni perverse. Il legame che la
tradizione gli attribuisce con la "magia nera", altro
non è che l'esercizio insensato del suo lato oscuro.

Sibilo lieve
come serpe insinuante
e scivolo nell'animo tuo, lentamente
approfittando
d'ogni tuo orifizio compiacente.

Ti piace, vero? Ti piaccio sul serio?
Senti i tuoi sensi sottili:
sensibili al senso
ed al godere immenso.

Oh, cosa non puoi fare,
tu, scintilla divina?
Il potere, fidati,
è tra le tue mobili dita,
la forza nel tuo intenso volere,
il desiderio infinito
è il tuo sovrano signore.

Desidera, dunque, brama,
senza freni ama,
senza limiti possiedi,
prendi, richiedi,
supera ogni barriera,
soddisfa ogni chimera.
Non fermarti e non pensare
che tutto e oltre io ti posso dare.

Cos'è, impallidisci?
Sei schiavo del tuo stesso volere?
La corsa non riesci a fermare?
Io profondamente ne rido,
'ché il vero demone,
l'inganno letale,
è il tuo stupido infantile bisogno
- per essere - di avere.

IL DEMONE

LA FOLGORE

L'opera dell'uomo e le sue conseguenze
Esplosione

All'improvviso si sgretola la sommità di un edificio.
Sembra una Torre, o un castello, o forse un Tempio.
La sua parte inferiore è una costruzione nuragica,
un monumento sacro, così come la parte superiore.
Potrebbe trattarsi sia di un'esplosione
che di un'implosione. Abbiamo la sensazione
che i due personaggi non stiano cadendo, anzi,
paiono lanciarsi nel vuoto in una danza acrobatica.

Incontrare la Folgore è una sollecitazione
alla liberazione, un sentirci scossi da un'agitazione
interiore per qualcosa di noi che ha bisogno
di emergere. Un'esplosione, il crollo delle illusioni
di grandezza.
È la resa dei conti delle nostre capacità reali,
è anche l'esame degli errori e dei successi.
È un'esortazione a VALUTARE il nostro lavoro
e le conseguenze delle nostre azioni.

Vivere il suo "principio luminoso" è un lampo
di genio, un colpo di fulmine, un'esplosione
di energia improvvisa che fa emergere ciò
che sta rinchiuso, che è pronto per essere manifestato.
Possiamo rivendicare la paternità
delle nostre imprese e festeggiare, celebrare
tutto ciò che abbiamo saputo costruire.
Apriamo il nostro cuore, liberiamo le emozioni,
rompiamo schemi e limiti: siamo in grado
di assumerci tutte le nostre responsabilità.

Vivere il suo "principio oscuro" significa mancare
di buon senso. Orgoglio, presunzione, avidità,
generano fallimenti. L'egoismo ci fa vedere solo
un aspetto del problema e la colpa degli insuccessi
è degli altri. Ci ammaliamo o scarichiamo sugli altri
la nostra aggressività, pieni di rabbia. Abbiamo anche
molta paura, ma siamo sordi ad ogni avvertimento
dell'Arcano stesso.
Dovremo impegnarci ancora a ripulire la nostra
interiorità, prima di poter aprire le porte e rivelare
al mondo la nostra "luce".

*E*cco, sono accaduto:
non m'aspettavi
e sul più bello sono venuto.

Ribalto i tuoi piani,
le tue carte perfette,
tutto avevi già visto
tranne il mio sguardo imprevisto.

Come l'onda che spazza
il tuo castello di sabbia,
giunge fragorosa la mia saetta
a ricordarti l'effimera gabbia
che con cura ti costruisci attorno
ogni quieto tuo giorno.

Al mio schianto, folgore nel cielo,
nel vuoto gridando puoi dunque crollare,
ma hai anche il saggio ed acuto potere
di gettarti impavido
e nell'ignoto danzare.

LA FOLGORE

LA STELLA

La relazione fra il Sé e l'Anima del mondo
L'influenza degli astri

Una giovane e bellissima ninfa nuda versa
dell'acqua da due brocche in una fonte: compie così
un gesto "magico", travasando incessantemente
il liquido della vita per la Vita stessa.
Accovacciata, centrata, esattamente a metà strada
fra il cielo e la terra, illuminata dalla volta celeste
e guidata dalla sua Stella personale. Ai suoi piedi
la natura purificata e fertile, simboleggiata
dall'uccello che sembra dialogare con lei.

Incontrare La Stella significa rendere sacro il luogo
in cui decidiamo di stabilirci, armonizzandoci con le
forze della natura. La nostra nudità è vulnerabilità,
ma ora siamo consci dell'importanza di aprirci
al "tutto" e rivelare la nostra verità. La Stella
parla di abbandono fiducioso e di dedizione intima:
è un'esortazione a rimanere CENTRATI.

Vivere il suo "principio luminoso" equivale all'aver
messo a fuoco il nostro punto di riferimento - noi
stessi - e collocarlo al centro della nostra esistenza.
Abbiamo trovato il nostro posto sulla Terra,
il piacere di essere vivi e di nutrire tutto ciò che
esiste. Scopriamo il nostro corpo, le percezioni, le
emozioni dell'anima, l'amore per l'arte e la capacità
di riconoscere tutto questo anche negli altri.
La nostra Stella ci segue e ci guida, confortandoci
anche quando siamo stati privati di tutto.

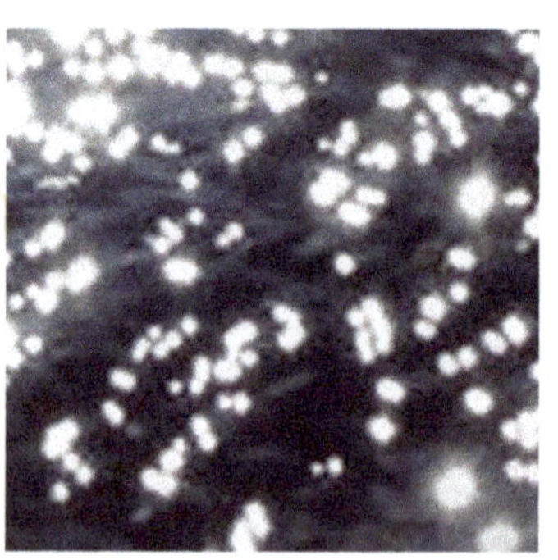

Vivere il suo "principio oscuro" significa
che abbiamo perso fiducia e speranza, purezza
e innocenza. Abbiamo perso il collegamento
col nostro "centro": dovremo riprendere
il pellegrinaggio, perché ciò che sembrava essere
il nostro posto si è trasformato in esperienza
di isolamento.
Incontrare l'ombra della Stella può farci delirare,
renderci insensibili, farci perdere in progetti
irrealizzabili, perché avremo spento dentro di noi
la sua scintilla divina.

Quando nacque il mondo
già ero là
lume gentile dell'Universo.

Il mio ammiccare lieve
nel buio ti fu di conforto
di guida nel lungo cammino
e l'ombra del fato
disegnasti nel cielo
per ricongiungerti all'eterno
con un sol sguardo.

Così ancora io brillo -
nonostante le età -
per garantirti il presente
ed il tuo Spazio nel Tempo.

Figlia di Madre Eterna son io
e Madre gentile, al contempo,
d'un universo di sogni agognato:

la cosa più bella
dal mondo mirata,
il candido ventre
della Luce da sempre sognata.

LA STELLA

LA LUNA

Il regno dell'inconscio / Il femminile ricettivo

Una luna benevola splende nel cielo e illumina
la notte. Molte strade si aprono sotto di lei, acque,
terre, orizzonti lontani. Una donna le rende omaggio
e sembra di sentire il suo canto rompere
il silenzio. Questa Luna ci mostra il suo lato bianco
- vivificante - nascondendo il lato nero - inquietante.
Le due facce della Luna - buio e luce, bianco e nero
come i due cani - e il delicatissimo granchio,
fortificato dalla sua corazza - sono simboli delle
polarità su cui si basano tutti i ritmi vitali.

Incontrare la Luna è un'esperienza archetipica: ci parla
di inconscio, personale e collettivo. La Luna ha a che
fare con le maree e con l'acqua. Con sentimenti
ed emozioni, con i cicli della vita e le sue regole.
Nell'inconscio collettivo rappresenta il legame con
la madre, il lato femminile di ciascun essere umano,
tutto ciò che è mutevole e quindi ricco di "humus"
ricettivo, creativo. Incontrare la Luna significa
entrare nel regno dell'amore, dei ricordi, dell'intuito
e della chiaroveggenza: è un'esortazione a scavare
nel mistero intimo dell' ESSERE.

Vivere il suo "principio luminoso" vuol dire accedere
ad un livello di realtà sottile. Ci rende consapevoli
del fatto che tutto si muove e cambia:
il nostro umore, gli stati d'animo, il corpo,
ogni cosa è soggetta a mutazioni, oscillazioni, cicli.
I suoi doni migliori sono la sensibilità,
l'immaginazione, il sogno, la poesia.
Ci regala presagi, veggenza, presentimenti
e premonizioni, magia, occulto, capacità di svelare
il lato nascosto delle cose.

Vivere il suo "principio oscuro" è sperimentare
la paura del buio (l'ignoto): le realtà si distorcono,
la visione delle cose è oscurata, avremo incubi
o inquietudini, sovente ci farà vivere una sorta
di "pazzia". Soggetti a illusioni e imbrogli, diventiamo
suggestionabili, permalosi, "lunatici". Potremmo
ritrovarci manipolativi, possessivi e gelosi. La Luna,
come uno specchio, ci mostra il riflesso di noi stessi.

Son la Luna
la nuova tua fortuna
della notte arcana
che soffia lenta le parole
nel tuo sonno bambino.

Sono il battito del Ventre
latente, che ritma
la parte di vita tua silente.
E son l'onda del mare
ed il suo movimento:
calante in eterno,
in eterno crescente.

Son la luce
nell'animo buio,
l'ombra chiara che definisce
talvolta i contorni,
i ritorni
di ciò che ancora non sai,
di ciò che in fondo sei.

Son la femmina ambigua
che in te dimora
la Diana, l'Ecate e l'ora
utile per scorgere il Fato,
chiedere ottenere comprender
ciò che scritto è stato.

Son la sveglia distorta
di falce vestita,
il ciclo bislacco,
la tua luna storta.

Chiamami lieve,
tienimi pallida vicino
che sotto la mia luce flebile
illumino l'oscuro
mostrandone il lato divino.

IL SOLE

Il regno della coscienza / Il maschile attivo

La chiara luce, fonte di ogni forma di vita, mostra
la realtà così com'è e non come essa appare.
Due figure femminili in cammino, unite in un gesto
di amicizia e fratellanza, sotto un Sole splendente:
l'immagine trasmette calore, potenza, energia
pura. Il fuoco simbolico e "maschio" si irradia
generoso sulle due donne, quasi volesse possederle,
penetrarle per fortificare i loro corpi e illuminare
le loro coscienze.

Incontrare il Sole è una potente ricarica energetica:
parla di vita, di crescita, di maturazione
e di sviluppo. Illumina la nostra strada, ci rende
consapevoli dei nostri passi e possiamo lavorare,
costruire, fare amicizia e creare legami
di solidarietà e produttività.
Impariamo ad usare la sua energia per aumentare
il nostro potere personale, celebrandone la
divinità: l'energia solare esorta a MANIFESTARCI.

Vivere il suo "principio luminoso" significa
risplendere e trionfare in salute e ricchezza,
acquisire nobiltà d'animo, generosità, conoscenza.
La sua influenza è così chiara da infonderci una
sana razionalità e giudiziosità, progettualità
e operosità; è promessa di guadagni e successi ma
è anche la nostra conquista di un potere personale
capace di fondere la ragione al sentimento.

Vivere il suo "principio oscuro" ci rende fasulli
e poco chiari, arroganti, vanitosi o prepotenti.
Diventiamo aridi e prosciughiamo tutto ciò
che ci circonda, sprecando energia.
Manchiamo di buon senso e di intelligenza,
non vediamo più le occasioni favorevoli
perchè abbiamo perso la capacità di focalizzarci.
Se fraintendiamo il valore profondo
della razionalità la rendiamo pericolosa per noi
e per gli altri, poiché essa può renderci sordi
e ciechi nei confronti della nostra voce interiore
e di quella delle nostre guide spirituali.

Si genera l'ora
dall'alba alla sera
nell'azzurro velo,
con l'arco di miele
che a passo lieve
fende l'anno del cielo.

La Terra grata
penetrata di seme
da tal lama dorata
genera in sé vita:

creativo potere
che come cristallo vitale
moltiplica il gioco essenziale
ad ogni esistenza
che con amor ciò richiede.

IL SOLE

IL GIUDIZIO

L'incontro con la trascendenza
La materia spiritualizzata

Stiamo per accedere a un luogo misterioso,
sembra un antico luogo di culto.
Entriamo in raccoglimento interiore per assistere
a un avvenimento straordinario: in questo "pozzo
sacro" vediamo rappresentata una resurrezione;
il suono della tromba sfiora coloro che sono assopiti
e la figura angelica li incita a risvegliarsi
e ad abbandonare la materia di cui sono composti
per seguire la sua chiamata spirituale.

Incontrare Il Giudizio significa che abbiamo
completato la nostra iniziazione come esseri umani
e ci prepariamo ad un nuovo ciclo ascendente:
desideriamo che lo Spirito ci chiami, che l'Anima
risorga indicandoci nuovi percorsi
e che il Corpo ci dia la consapevolezza necessaria
per spiritualizzare la materia.
È un'esortazione a RISVEGLIARCI.

Vivere il suo "principio luminoso" significa afferrare
una geniale ispirazione, rispondere prontamente
alla chiamata di una nuova vocazione, affrontare
un profondo rinnovamento nel modo di condurre
la nostra esistenza e le nostre opere.
Esercitiamo il senso critico con equilibrio,
senza giudicarci e senza giudicare gli altri.

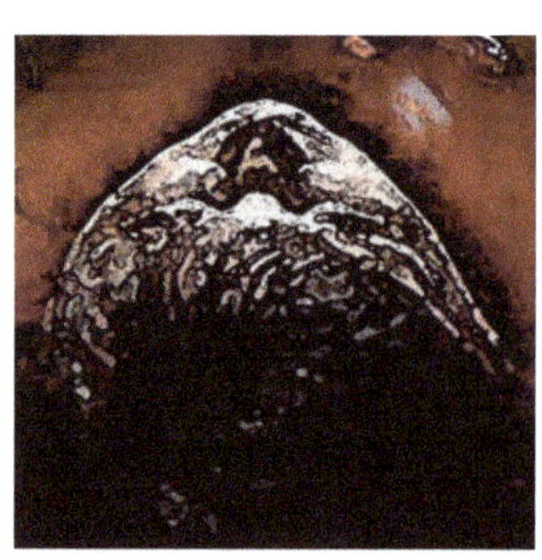

Vivere il suo "principio oscuro" equivale
a confondere l'evoluzione con un semplice
cambiamento di situazione.
Significa che non vogliamo ascoltare la nostra
spiritualità e che le assegnamo un ruolo secondario.
Confondiamo il significato di giudizio coscienzioso
con quello di punizione o ricompensa e rimaniamo
aggrappati ad un passato ormai morto
senza riuscire a risorgere.

Dormo
e nel sonno rivedo
la luce trascorsa
del passato ch'io ero:
l'errore, lo sbaglio,
della colpa il peso
che grava il mio petto,
a dispetto
del mio senso del giusto,
del gusto profondo
di vivere ancora.

Così nell'orizzontale dimora
giaccio gelida dormiente
e quieto l'anima mia
abbandonando il destino:
lasciando alla Morte del Tempo
il suo giudizio divino.

E dopo un sonno senza misura,
un giorno, una vita,
così come un'ora,
risuona una sveglia,
di diamante la tromba,
e dal letto tombale
come compost mutata
ri-sorgo nuovo sole
di questa vita grata.

IL MONDO

Macrocosmo e microcosmo
Il "tutto in uno"

Tutto è racchiuso nei movimenti della donna
che danza nuda e leggera con in mano i simboli
della realizzazione. Il suo mondo interiore
e quello esteriore si compenetrano e la sua danza
ininterrotta indica l'eterno fluire del tempo: spazio
e tempo perdono i loro consueti confini umani
per permetterci di accedere al concetto di "infinito"
e di partecipare all'esaltazione del Creato.

Incontrare il Mondo significa riconoscere
l'ordine globale, la perfezione dell'Universo con
le sue polarità, la Natura nelle sue quattro stagioni,
i quattro elementi: il compimento dell'Opera
Alchemica. Alla fine tutto è in ordine,
a ciò che è dentro corrisponde ciò che è fuori di noi,
c'è ritmo e accordo fra l'uomo e l'universo.
L'arcano del Mondo ci esorta all'AUTOCONTROLLO.

Vivere il suo "principio luminoso" è coronamento
di un'impresa, riuscita di un'opera, conclusione
di un lavoro lungo e impegnativo, ostacoli superati,
realizzazione dell'integrità totale.
Significa sentirci in ordine, realizzati, sani e gioiosi
in sintonia col mondo esterno, collaborativi e aperti
alla vita e alle esperienze: comprendiamo
che "ad ogni fine corrisponde un nuovo inizio"
e siamo pronti a ripartire.

Vivere il suo "principio oscuro" dà la percezione
di disastro imminente, è un'indicazione di caos:
condizionati o strumentalizzati siamo incapaci
di concludere qualsiasi azione.
Ci ammaliamo e viviamo grandi frustrazioni,
con la sensazione di dover portare il mondo
sulle nostre spalle. Fardelli pesanti, fatica, doveri:
il nostro mondo si chiude su sé stesso, diviene
una prigione, un luogo di insoddisfazione cronica.
Pensando di non aver più nulla da scoprire
o da costruire, diventiamo abulici e apatici.
Rinchiusi nelle nostre "fortezze",
l'esaltazione cede il posto alla depressione.

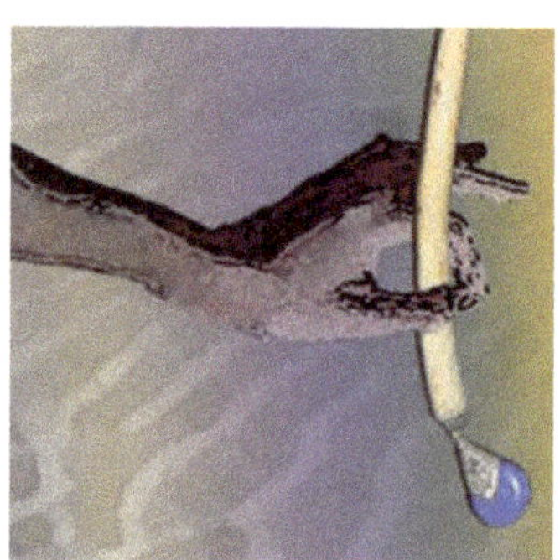

*I*nizio e fine
in un abbraccio essenziale
chiudono infine
il cerchio vitale;

e si specchia nel fondo
il più alto del cielo,
il sopra nel sotto
nel tondo del mondo.

E nel tondo del mondo,
il sopra nel sotto,
il più alto del cielo
si specchia nel fondo.

Il cerchio vitale
si chiude infine
nell'abbraccio essenziale
d'inizio e fine.

ARCANI
MINORI

Semino semi
a quattro a quattro
arborei futuri pilastri
d'un mondo di carta
che mescolo certa
che fruttino fato
o un destino rubato.

Volto la carta
ci trovo denari
ricchezze ed affari,
creative abbondanze
precluse agli avari:
sacri pentacoli
per terreni altari.

Volto la carta
e la coppa m'appare
nutriente, feconda
la più ricca d'amore.
Mi tuffo nel sogno felice
di saper chi m'ami
e che amor benedice.

Volto la carta
una lama mi falcia
la lingua tagliente
mi fende, m'intralcia.
Rima, parola, viaggio, idea, utopia
una lotta infinita
per giustizia, diritto, per la vita: la mia.

E volto ancora
la carta del mazzo
la mazza m'appare
dura, vitale, solare.
L'azione la mano mi prende:
bacchetta che s'agita a forgiar gli istanti
ma sol col coraggio di pratici eventi.

Chiarito l'arcano ed il prossimo fato
depongo il mio mazzo, sfiancato
dal mio domandare inquieto,
sul tavolo stanco così benedetto.
Un attimo: aspetto.
Infine con mano silente il destino ripongo
nel sonno di un buio sacchetto.

ASSI

I quattro ASSI, ciascuno nel suo elemento,
sono le quattro porte di accesso a tutte
le nostre esperienze: la loro energia
contiene un immenso potenziale
di successo delle nostre imprese.
La loro comparsa nella consultazione
ci parla di una soglia superata,
segna il trionfo di ciò che abbiamo appena
ottenuto, attraverso i nostri sforzi.

ASSO DI PENTACOLI

Trionfo sulle difficoltà materiali

Successo economico e lavorativo

Guadagno inaspettato

Possibilità di conquiste e riconoscimenti mondani, tramite ostentazione di ricchezze.

ASSO DI COPPE

Successo sentimentale e superamento delle difficoltà

Liberazione da dipendenze affettive

Gioia e grande stato di benessere emotivo

ASSO DI SPADE

Il trionfo della mente e delle capacità del pensiero

Successi nel campo della comunicazione e in attività di tipo spirituale, ad esempio misticismo, religione, medianità, intuito, preveggenza

ASSO DI BACCHETTE

Trionfo del bene attraverso buone azioni, per spirito di generosità e ricchezza interiore

Successo negli studi, nella ricerca e nell'arte

Spirito umanitario

Allegria

Simpatia

DUE
MOVIMENTO

Queste quattro Lame ci stimolano
a compiere i primi passi verso qualcosa
di nuovo.
Quelli che faremo saranno forse
passi incerti, magari sbagliati e attuati
con fatica, ma l'incontro col Due
sarà per noi il segno della volontà
di cambiamento di cui stiamo iniziando
a prendere coscienza.

DUE DI PENTACOLI

Attivare un movimento
per cambiare
da una condizione materiale
ad un'altra: viaggio,
cambio di lavoro,
movimenti di denaro

Barattare cose materiali

Contratti e/o contrattazioni

DUE DI COPPE

Movimento verso qualcuno,
scambio reciproco affettivo

Dichiararsi e mettersi
a nudo in campo
sentimentale

Innamorarsi e amare
disinteressatamente,
anche nelle amicizie,
predisponendosi
alla comprensione
e alla solidarietà

DUE DI SPADE

Confusione mentale
e indecisione

Il pensiero non è libero,
si ha scarsa fiducia in
se stessi, c'è conflitto
fra pensiero e sentimento

Errori di comportamento

Il movimento è bloccato

DUE DI BACCHETTE

Forte attività
della funzione pensiero:
idee creative, inventiva

Trasmettere e comunicare

Intraprendere opere comuni

Viaggio

Pionierismo

Esplorazione

TRE
INCONTRO

Con la serie dei TRE si verifica
la prima esperienza di relazione.
Entriamo in contatto e dialoghiamo
con noi stessi, iniziamo a progettare
e a prendere decisioni personali.
Cominciamo a lasciar entrare altre cose,
altre persone e situazioni nel nostro
mondo interiore.
È l'inizio della consapevolezza di chi siamo
e del mondo intorno a noi.

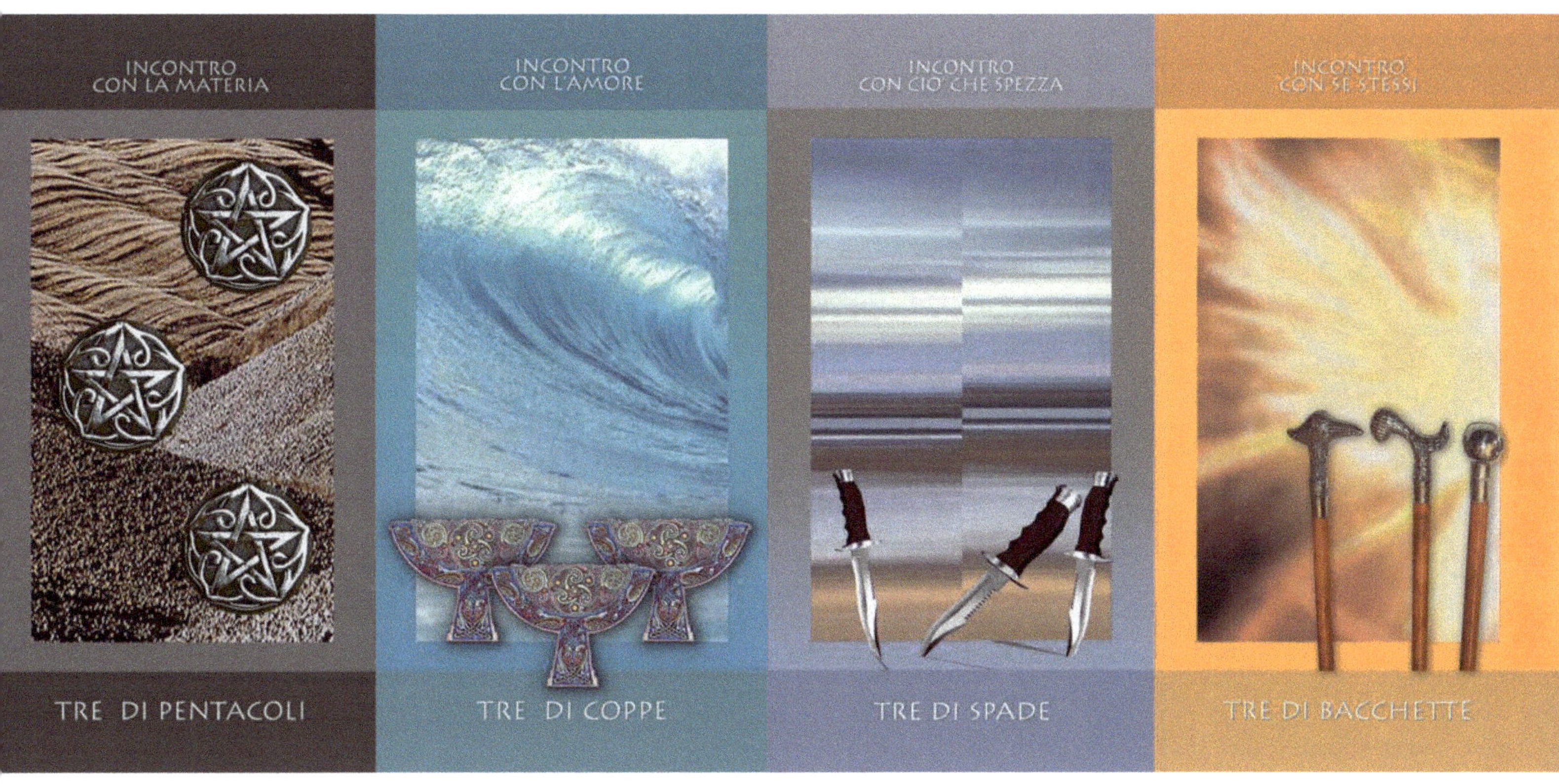

TRE DI PENTACOLI

La scoperta delle proprie
capacità, dei talenti
personali e della maestria
con cui svolgiamo il nostro
lavoro

Questo incontro
con le nostre potenzialità
materiali ci rende
autosufficienti e pratici

Aumentando il nostro
bagaglio materiale,
aumentano anche
le nostre sicurezze

TRE DI COPPE

Unione, incontro amoroso

Troviamo le persone giuste
per noi, in amore
come nell'amicizia

Andiamo incontro
a relazioni affettive
e scambi disinteressati
nel nostro ambiente,
fra parenti e fratelli

Grande forza sentimentale

TRE DI SPADE

Tendenza a incontrare
tutto ciò che può
danneggiarci spiritualmente

Tristezza, sofferenza
silenziosa

Illusioni, autoinganni

Un forte inconscio ci guida
verso la rimozione
delle emozioni

Rifiutiamo gli altri perchè
ci sentiamo offesi, umiliati
o ingannati

TRE DI BACCHETTE

Incontro costruttivo
e utile con il proprio
inconscio: le capacità
di autocoscienza
e autoanalisi,
ci consentono di sviluppare
al meglio noi stessi,
la nostra salute,
le nostre energie creative

Realizziamo i nostri sogni

Risvegliamo e coltiviamo
doti che ancora
non conoscevamo

QUATTRO
STABILITÁ

Il mondo dei QUATTRO si riferisce,
per ogni elemento, al principio di stabilità
nei vari ambiti dell'esperienza umana:
struttura, solidità, sicurezza.
Parlano di razionalità, potenza e autorità
ma, anche, di protezione e salute.
Sono spesso interpretati come
i quattro punti cardinali (o punti di
riferimento) di un mondo in equilibrio.

QUATTRO DI PENTACOLI

Sicurezza economica

Possesso di beni materiali

Conseguimento
(diplomarsi, laurearsi,
vincere una borsa di studio,
un concorso, un lavoro
stabile, un buon stipendio)

Buona salute e forza fisica
che ci consentono
di progettare e costruire

Saper strutturare
e solidificare la nostra vita

QUATTRO DI COPPE

Il coronamento delle
aspettative sentimentali:
fidanzamento, matrimonio,
convivenza, buone amicizie
e relazioni

Manifestiamo affetto
per la famiglia e i famigliari

Sentiamo ed esprimiamo
il desiderio di vivere
in comunità, impegnandoci
nel consolidare
i rapporti interpersonali

QUATTRO DI SPADE

Viviamo un momento
psicologicamente difficile,
di solitudine
e ingabbiamento spirituale

Impotenti, preoccupati
e tesi, entriamo in ansia
e non siamo capaci
di uscirne

Non riusciamo ad ascoltare
la nostra voce interiore,
perdiamo lucidità mentale
e capacità di agire

QUATTRO DI BACCHETTE

Gli obiettivi comuni
e la cooperazione
impegnano tutte
le nostre energie

Abbiamo la capacità
di aumentare le nostre forze
e quelle di coloro
che condividono le nostre
aspirazioni, per realizzare
opere utili alla collettività

Desideriamo sentirci
tutti uniti, in aiuto
e sostegno reciproco

CINQUE
PERDITA

Questi Arcani sono un ammonimento
a non aggrapparci alle nostre sicurezze,
certezze, beni o sentimenti, per paura
di perdere privilegi e investimenti
di qualsiasi tipo.
Forse non abbiamo saputo proteggere
i nostri "tesori", li abbiamo dati
per scontati, abbiamo agito
con superficialità.

CINQUE DI PENTACOLI	CINQUE DI COPPE	CINQUE DI SPADE	CINQUE DI BACCHETTE
ndigenza materiale	Amori e affetti perduti o non ricambiati	Sconfitte spirituali	La vita ci sta provocando, ci mette alla prova su ciò che siamo disposti a perdere
pese impreviste, furti subiti, erdite al gioco e di oggetti di alore	Delusione sentimentale	Il pensiero diventa cinico, ci sentiamo incompresi e la diffidenza che proviamo ci rende prevenuti nei confronti degli altri	I problemi diventano sfide e siamo di fronte alla nostra capacità di lottare, di combattere per ciò che non vogliamo perdere
ccumuliamo debiti e, e siamo creditori, on riceviamo i risarcimenti he ci spettano	Ci sentiamo strumentalizzati o emotivamente feriti	Ciò che stiamo perdendo, in realtà, è il nostro amor proprio e ci lasciamo andare a manifestazioni di permalosità, invidie, gelosie	Siamo sollecitati ad operare un cambiamento, così da evitare la perdita
icenziamento, espropriazione	Qualcuno che amavamo ci ha lasciato e ci sentiamo soli, abbiamo troppo investito sentimentalmente e ci ritroviamo a mani vuote		
erdita della forza fisica della possibilità materiale i agire.	Malinconia, tristezza		

6 SEI
SCAMBI

Questo è l'ambito delle strategie
che ciascuno di noi mette in atto,
allo scopo di relazionarsi con gli altri,
col proprio ambiente, col mondo.
Agire per mezzo degli scambi
ci dà la possibilità di misurarci con la nostra
e l'altrui generosità.
Sono modi di esprimere
il nostro desiderio di interagire,
di comunicare e confrontarci.

SEI DI PENTACOLI

...apacità di dare valore
...le cose materiali

...appiamo contrattare,
...re scambi commerciali,
...uantificare e contabilizzare

...bilità negli affari,
...dustriosità

...li investimenti
...e facciamo sono
...empre fruttiferi

...amo in grado di
...umentare i nostri capitali
...quelli condivisi con gli altri

SEI DI COPPE

I regali, i baci e le carezze

Tutte le manifestazioni
di affetto, il trasmettere
calore, fare del bene,
aiutare e soccorrere

Siamo socialmente attivi
e pensiamo al bene comune

Ci sentiamo come fanciulli,
desiderosi di giocare

La madre amorosa,
l'amore figliale

SEI DI SPADE

Ritrarsi, arrestarsi
e arretrare di fronte
agli altri

Solitudine spirituale

Rifiuto di scambi e rapporti

Assenza di comunicazione

Avarizia mentale

Individualismo esasperato,
che ci riempie di pregiudizi
e ci fa rifiutare tutto ciò
che è collettivo

SEI DI BACCHETTE

Circolazione delle energie,
che permettono
alleggerimento delle
tensioni e superamento
dei conflitti

Risultati vittoriosi
e successi, grazie alle forze
di cooperazione

Capacità di convincere
e trascinare

Vivacità, attivismo

Simpatia

SETTE
RACCOLTA

"Raccoglieremo sempre
ciò che abbiamo seminato".
Entriamo nella fase del raccolto,
è il momento di selezionare e di eliminare
il superfluo.
Facciamo bilanci e mettiamo in ordine
la nostra dispensa, materialmente
e metaforicamente.
Raccogliamo anche le nostre forze,
l'energia attiva e la volontà.

SETTE DI PENTACOLI

Raccogliere, selezionare
e immagazzinare i prodotti
materiali del nostro lavoro

Siamo impegnati
a conservare, a riparare
ciò che è guasto,
a restaurare
ciò che si è deteriorato

Impariamo a discriminare

Ci occupiamo del nostro
organismo fisico: esami,
analisi, alimentazione,
igiene

SETTE DI COPPE

Capacità di dissipare
la confusione emotiva,
attivando il senso
della realtà e il nostro
senso critico

Periodo di bilanci
sentimentali, di esami
di coscienza, di analisi
delle priorità dei nostri
bisogni affettivi

Necessità di mettere
in ordine il nostro mondo
dei sentimenti

SETTE DI SPADE

Momento di debolezza
spirituale e mentale

I pensieri sono rivolti
al pessimismo
e la personalità diventa
paurosa e codarda

Siamo chiamati a grandi
sacrifici, abnegazione,
dedizione e perdiamo
di vista la necessità
di proteggerci e conservare
ciò che ci appartiene

SETTE DI BACCHETTE

Affrontiamo e gestiamo
problemi e difficoltà,
con prontezza di riflessi
e capacità di intervento

Forza

Coraggio, determinazione
e ottimismo

Ostacoli e avversità
stimolano le nostre
autodifese e ci spingono
a superare con successo
qualunque tipo di prova

OTTO
RICERCA

Le modalità con cui facciamo esperienza,
esercitandoci nel campo della ricerca.
Il numero otto è simbolo di "Infinito"
e di ricerca di perfezione.
Queste Lame rappresentano la facoltà,
insita nell'uomo, di riconoscere ciò
che è perfettibile e di agire per ottenerlo.
Sono momenti di grande concentrazione
energetica, che consentono l'acquisizione
di maggiore consapevolezza.

OTTO DI PENTACOLI

La scoperta delle nostre
predisposizioni innate,
in senso pratico, materiale,
costruttivo

Mettere alla prova la nostra
maestria, esercitandoci
nell'arte

Specializzarsi e fare pratica
per poter svolgere al meglio
la nostra professione e
concretizzare gli ideali

Talenti, capacità,
potenzialità

OTTO DI COPPE

Ricerca delle connessioni
e delle implicazioni
karmiche fra il nostro
"destino" individuale
e quello di coloro
che frequentiamo

Perfezioniamo valori
e sentimenti, cercando
affinità nelle nostre
relazioni

Studi, religioni, filosofie

Ricerca dei significati,
dello scopo e del senso
della vita

OTTO DI SPADE

Mancanza di visione spirituale

Frustrazione

Abbiamo cercato senza
trovare e siamo scoraggiati,
perdiamo la pazienza,
ci sentiamo intrappolati
e vittime

Abbiamo pensieri
in un vicolo cieco,
orecchie tappate e occhi
bendati

Coazione a ripetere sempre
gli stessi errori

OTTO DI BACCHETTE

Ricerca e impegno
in attività diverse,
svolte contemporaneamente

Competizioni che spingono
a migliorare le prestazioni
(ad esempio, negli sport)

Coltivare hobby
e competenze in vari campi

Versatilità, ruoli molteplici
e diversi

Momenti in cui ci sentiamo
stanchi e stressati

NOVE
RICONOSCIMENTO

Questi Arcani parlano di una crisi
da superare attraverso il riconoscimento
di sé stessi e della propria esperienza:
accettiamola come una fase transitoria,
necessaria alla crescita, riconoscendole
tutto il potenziale di opportunità evolutiva.
Riconosciamo e apprezziamo valori
e meriti di tutti.
Impariamo la gratitudine.

NOVE DI PENTACOLI

Momento di crisi materiale
e bisogno di buona
reputazione e apprezzamenti

Sono in discussione
i nostri meriti,
le nostre abilità,
i prodotti del nostro lavoro

Il bisogno di riconoscimento
ci spinge a fare carriera,
a meritare aumenti
di stipendio, ottenere premi
ed essere considerati
persone valide

NOVE DI COPPE

Bagaglio di esperienze
affettive e maturità emotiva

Analisi e riconoscimento
di tutti gli aspetti
di una relazione

Spinta interiore
ad affrontare e superare
crisi sentimentali

Riusciamo a farci riconoscere
ed apprezzare dagli altri
per il valore che diamo
alle loro storie personali

NOVE DI SPADE

Disconoscimento del proprio
potenziale spirituale e mentale

Siamo in una fase
di auto-isolamento
e restrizioni

Siamo poco considerati
e addirittura mal visti,
noi stessi non riconosciamo
il nostro valore

Pensieri di svalutazione
di sé stessi e degli altri

Non riconoscimento
dei propri limiti

NOVE DI BACCHETTE

Riconoscere l'esistenza
e l'importanza degli altri

Energia che unifica
e permette l'abbattimento
delle barriere

Rispetto delle differenze:
razziali, religiose, culturali

Riconoscimento
di una fonte di energia
che ci arriva dall'esterno

Fiducia in sé stessi
e superamento della crisi

DIECI

UNIONE

Conclusione di un ciclo, fine e principio,
unione degli opposti.
L'esperienza dei Dieci è un'esperienza
di completamento.
Rappresentano momenti di condivisione,
di cooperazione e disponibilità ad unire
le forze.
Mostrano, ciascuno nel suo elemento,
comunione di intenti
e forte coinvolgimento.

DIECI DI PENTACOLI

Unione societaria

Cooperative, associazioni

Qualunque tipo di riunione
o gruppo di studio

Partiti politici e assemblee

Condivisione di beni
materiali ed eque spartizioni
di denaro

Raccolta di fondi
per investimenti collettivi
o opere comuni

DIECI DI COPPE

Desiderio di unione
sentimentale, con parenti
e amici, con cui condividere
un grosso impegno emotivo

Famiglie allargate

Adozioni a distanza

Esperienze comunitarie
di aiuto e assistenza
alle popolazioni indigenti

Associazioni
senza scopo di lucro
e volontariato

DIECI DI SPADE

Fase negativa
di convivenza e cooperazione

Ferite ricevute
dalla collettività

Pensieri di separazione,
scioglimento di un gruppo

Incapacità di perdonare
e perdonarsi, angoscia
mentale, disgusto spirituale

Grande esperienza
del dolore,
che può farci ammalare

DIECI DI BACCHETTE

Sovraffaticarsi per eccessivi
impegni mondani

Lavoro frenetico
che esaurisce le energie

Siamo sotto pressione,
con troppi fardelli
e problemi, con un
eccessivo coinvolgimento
in questioni che riguardano
la collettività

Accumulo energetico,
esaurimento nervoso

FANTI
IL PRINCIPIO MASCHILE

I quattro Fanti, per ogni elemento
(o seme), costituiscono la "sintesi"
del principio maschile: funzioni e situazioni
incontrate precedentemente,
si fondono nell'immagine
di un personaggio reale.
Simbolicamente rappresentano la parte
maschile di ciascun essere umano,
sia maschio che femmina.

FANTE DI PENTACOLI

Principio di "intelligenza"
di genere maschile

Capacità di pianificare
il proprio futuro, la ricerca
degli scopi pratici della vita,
della propria collocazione
e ruolo sociale e materiale

Colui che cerca successo,
guadagni, beni materiali
e lavoro, con giuste
modalità aggressive
ed energiche

FANTE DI COPPE

Carattere sensibile
che dichiara le sue emozioni
e sperimenta
nella vita dei sentimenti

Si innamora

Vive molto intensamente,
in amore, in fratellanza
e amicizia, con dolcezza
e comprensione

Buone intenzioni,
affidabilità e valori morali

Facilità alla commozione

FANTE DI SPADE

"La stoltezza giovanile"
(dal Libro dei mutamenti "I King")

Colui che sbaglia
perchè privo di esperienza

Sbaglia strada, direzione,
visione

Errori di valutazione
che fanno trarre
conclusioni sbagliate

Comportamenti e giudizi
che creano fraintendimenti

FANTE DI BACCHETTE

Rinnovare sé stessi
attraverso l'apprendimento,
i viaggi, le filosofie
e tutte le novità
che permettono di allargare
i propri orizzonti

Colui che si rinnova,
lascia vecchi concetti
e pregiudizi, cambia vita,
approfondisce valori e ideali

Cambia le proprie abitudini
e rinnova
la sua visione del mondo

CAVALIERI
ENERGIA

L'energia basilare di ciascun elemento
si incarna nei quattro Cavalieri.
Con grande vigore portano nel mondo
messaggi, informazioni, comunicazioni.
Essi costituiscono il completamento
dell'essere umano che, dopo aver unificato
se stesso, sente il bisogno di trasmettere
ai suoi simili ciò che ha compreso della vita.

CAVALIERE DI PENTACOLI	CAVALIERE DI COPPE	CAVALIERE DI SPADE	CAVALIERE DI BACCHETTE
Energia di emancipazione e progresso	Energia caratterizzata da sensualità	L'energia subdola degli adulatori, dei provocatori, di chi vuole assoggettare gli altri	Esplosione di energia di chi vuole fare tanto, tutto e con tutti
Sviluppo e arricchimento in ambito lavorativo	Vitalità sessuale evidente, che non nasconde desiderio, corteggiamento o emozione	L'energia coercitiva di chi dà di sé un'immagine distorta per acquisire potere	Grande forza magnetica positiva, ottimismo coinvolgente
Dirigente o responsabile con capacità organizzative	Bella presenza e grande carica umana	Potenziali di violenza fisica o psicologica	Guida coraggiosa, estroversa e vitale, che incita all'azione
Abile amministratore, ottimo contabile	Atteggiamento superficiale, tendente più all'esteriorità che all'intimità	Manipolare, sfruttare le debolezze altrui	Energia dinamica, tipica di allenatori sportivi e leader politici
Progetti e ambizioni, tenacia	Poca sensibilità, ma forte passionalità	Aggressività, irascibilità, collera	Disponibilità, servizio e aiuto
Impegno per migliorarsi e avere sempre nuovi obiettivi			

REGINE
IL PRINCIPIO FEMMINILE

Le quattro Regine, ciascuna
in conclusione delle esperienze
acquisite per ogni elemento,
costituiscono la "sintesi" del principio
femminile: rappresentano personaggi reali
e sono simboli della parte femminile
di ciascun essere umano,
sia femmina che maschio.

REGINA DI PENTACOLI

Principio di "intelligenza"
di genere femminile:
autonomia e indipendenza

Attenzione, precisione,
pazienza e perseveranza

Colei che cerca un ruolo
sociale, un tipo di carriera,
una forma di potere
o di comando, con intuito
e saggezza

REGINA DI COPPE

Desiderio di fare esperienza
nel mondo dei sentimenti
e delle emozioni

La madre buona e comprensiva,
la figlia dedita,
la moglie affettuosa,
l'amica attenta,
la sorella dolce

Solidarietà espressa
con tatto e sensibilità

Talento artistico

Gioia, equilibrio e armonia

REGINA DI SPADE

Colei che sbaglia… erra

Chi non ha una meta
è costretto a… errare

In ogni caso,
è questione di inesperienza,
insensibilità, buio
e paura esistenziale

Con durezza d'animo
si erigono barriere,
ci si chiude alle emozioni,
la mente si ammala
e lo spirito si isola

REGINA DI BACCHETTE

Atteggiamento femminile
con forte carica sensuale,
bella presenza
e belle maniere

Colei che si rinnova
acquisisce fascino,
coltiva capacità di visioni
e percezioni,
usa il "sesto senso",
crea magiche atmosfere

Cultura, esperienza

Creatività

RE
MATURITÁ

Quattro fasi in cui la dimensione umana
ha l'opportunità di conquistare il proprio
Potere personale, inteso come totale
consapevolezza.
Maturità, vecchiaia, saggezza
e autorevolezza, siano le nostre migliori
ambizioni e diventino le imprescindibili
linee guida della nostra evoluzione.

RE DI PENTACOLI

Uomo di comando,
fortemente rassicurante
e stabilizzante

Maturità nell'impartire
compiti e dare ordini

Saggezza amministrativa
al massimo grado
di responsabilità

Energia maschile
rivolta al soddisfacimento
degli aspetti materiali
dell'esistenza

RE DI COPPE

La comprensione
e il coinvolgimento
affettivo dell'uomo
emotivamente maturo

Il padre positivo
e sentimentalmente stabile

Bontà d'animo,
compassione, empatia

Il medico che cura il cuore
e i sentimenti,
il maestro che insegna
l'arte di amare

RE DI SPADE

Autorità giudicante,
supponente
e pregiudizievole

Questioni legali

Crisi spirituale
che porta abuso di potere
e corruzione

Periodo di ottusità mentale
che genera arroganza,
desiderio di punire,
dispotismo intellettuale
o dittatura militare

RE DI BACCHETTE

Uomo di potere,
fortemente ispirato,
la cui autorità è riconosciuta
e ben voluta

Espressione massima
del fuoco creativo maschile,
attivo, saggio e maturo

Religione, scienza, medicina

Colui che conduce
e insegna, il buon Maestro,
sia materiale che spirituale

MARIA GIUSI RICOTTI

Nata a Milano nel 1956,
vive in Sardegna.
Grafico editoriale
e ceramista
è l'autrice delle immagini.

mariagiusi@ilcalderonemagico.it
www.ilcalderonemagico.it

MICAELA BALÌCE

Nata a Casale Monferrato
nel 1969, vive in Piemonte.
Poetessa, pedagogista
e naturopata,
consulente in Fiori di Bach,
è l'autrice delle poesie.
(foto di Paola Brancato)

feminaversi@gmail.com
www.strie.it

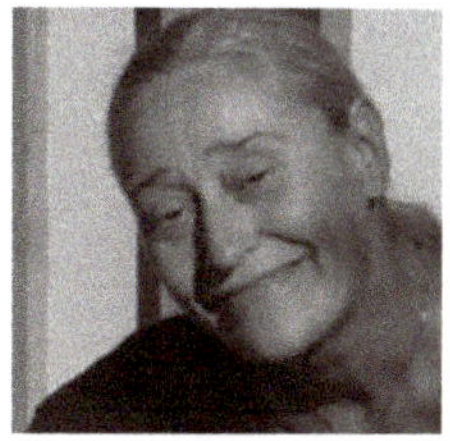

NELLY MORINI

Nata in Francia nel 1953,
vive in Sardegna.
Astrologa, tarologa,
consulente in Fiori di Bach
e insegnante,
è l'autrice dei testi.

nellymorini@gmail.com

È disponibile il mazzo di 78 arcani
dei Tarocchi del Calderone Magico;
per informazioni o richieste

www.ilcalderonemagico.it
mariagiusi@ilcalderonemagico.it

*Contattando le autrici
è possibile avere informazioni
su seminari, laboratori
e incontri di approfondimento
sull'uso di questo strumento.*

INDICE

© Il Calderone Magico - Cagliari
ISBN 978-88-93063-37-1

Finito di stampare nel mese di Novembre 2015
per conto di Youcanprint *Self - Publishing*